KB201031

화목의 목회

흰돌교회
오철훈 목사의

화목의 목회

오철훈 지음

모든 것이 하나님께로 났나니 그가 그리스도로 말미암아 우리를
자기와 화목하게 하시고 또 우리에게 화목하게 하는 직분을 주셨으니

(고후 5:18)

일러두기

본문에 사용된 성경 인용은 『개역개정』을 따랐습니다.

흰돌 화목 십계명*

1. 하나님과 화목하라.

2. 사람과 화목하라.

3. 내가 먼저 화목하라.

4. 언어생활을 조심하라.

5. 상대방의 입장을 배려하라.

6. 상대방의 의견을 존중하라.

7. '예'라고 대답하라.

8. 자기주장을 내려놓아라.

9. 침묵하며 기도하라.

10. 잘 들어주라.

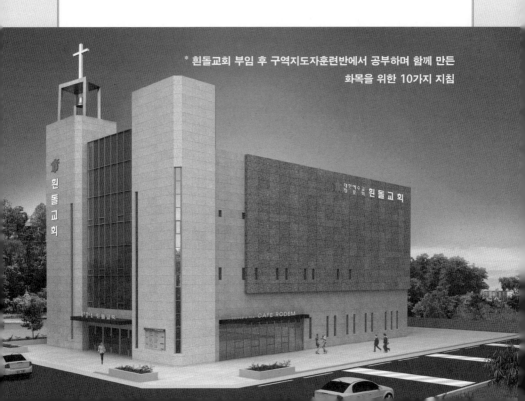

* 흰돌교회 부임 후 구역지도자훈련반에서 공부하며 함께 만든
화목을 위한 10가지 지침

추천사

흰돌교회 창립 50주년을 맞이하여 오철훈 목사님의 기념설교집을 출간할 수 있도록 인도하신 하나님께 영광을 돌립니다. 오철훈 목사님께서는 지난 17여 년 동안 강단을 한 번도 비우지 않으시고 생명의 양식을 위해 늘 기도로 준비하는 성실한 목회자이십니다. 목사님의 이와 같은 말씀의 청지기로서 신실한 목양이 현재 흰돌교회가 아름답게 부흥하는 원동력이 되고 있음을 감히 고백 드릴 수 있습니다. 이 자리를 빌려서 목사님께 감사와 위로의 말씀을 전하고 싶습니다.

특별히 오 목사님은 신학교를 다닐 때 기도하는 신학생으로 소문이 나셨던 분입니다. 신학교 3년 동안 매주 금요일 광주기도원에 가서 철야기도를 하면서 기도의 훈련을 받으신 것이 오늘의 오 목사님을 만들었다고 저는 믿습니다. 영락교회 부목사로 섬기면서 들었던 고 한경직 목사님의 "교회는 교인들끼리 싸우지 않고 화목하기만 하면 저절로 부흥된다"는 말씀을 가슴에 새기고 지금까지 화목의 목회철학으로 흰돌교회 사역을 잘 감당하고 계십니다. "모든 것이 하나님께로서 났으며 그가 그리스도로 말미암아 우리를 자기와 화목하게 하시고 또 우리에게 화목하게 하는 직분을 주셨으니"(고후 5:18).

화목의 목회

화목은 갈등과 분열로 혼란을 겪고 있는 이 시대의 나라와 교회, 그리고 성도의 가정에 꼭 필요한 덕목이며, 예수님이 하나님과 우리를 화목하게 하시기 위해 이 땅에 오신 목적이라고 생각합니다. 오 목사님은 예수님의 정신을 본받아서 성도 한 사람 한 사람을 사랑으로 양육하며, 말씀과 기도의 훈련을 통해 화목의 사람, 영의 사람, 말씀의 사람으로 변화시키고, 삶의 현장에서 열매를 주렁주렁 맺어 오직 하나님께 영광을 돌리는 비전을 품고 목양에 전념하는 분이십니다. "내가 내 자의로 말한 것이 아니요 나를 보내신 아버지께서 내가 말할 것과 이를 것을 친히 명령하여 주셨으니. 나는 그의 명령이 영생인 줄 아노라 그러므로 내가 이르는 것은 내 아버지께서 내게 말씀하신 그대로니라"(요12:49-50). 예수님의 말씀처럼 오 목사님의 목회방향은 모든 성도들로 하여금 그리스도의 말씀이 풍성하여 성령 안에 있는 의와 평강과 희락의 축복을 누리며 살게 하는 것입니다. 즉, 일도 중요하지만 말씀과 기도보다 앞서지 않으며, 말씀과 기도를 통해 서로 소통하며 서로의 기도제목과 사정을 나누고, 무엇보다 주 안에서 같은 말, 같은 마음, 같은 뜻으로 하나 될 때 하나님께서 역사하신다는 것입니다. 이것이 바로 화목의 신앙의 핵심이라고 생각합니다. 그런 점에서 화목은 오늘날 지상의 모든 교회의 근간(根幹)이 되어야 한다고 저는 믿습니다.

목사님의 화목의 목회는 특히 당회에서도 종종 드러나곤 합니다. 당회원 중, 단 한 사람이라도 의견이 다르면, 아무리 중요한 정책일지라도 결정을 미루고 모두가 일치될 때까지 기도하고 기다리며 당회를 이끌어 가는 모습입니다. 이렇게 목사님은 언제나 화목을 현장에서 실천하기 위해 그리스도 안에서 솔선수범하시는 분입니다. 저는 목사님을 처음 만났을 때, "목사님을 만나서 행복했으면 좋겠습니다"라고 인사를 드렸는데 그 말이 그대로 이루어진 줄 믿고 감사하고 있습니다. 아울러 지금도 목사님 곁에서 화목의 목회에 협력하며 기도로 섬기고 있습니다.

끝으로, 이 『화목의 목회』를 읽으시는 모든 분이 하나님을 만나고, 그리스도 안에서 영적인 삶을 통하여 날마다 승리하여 주 안에서 화목한 삶을 누리며 사시기를 진심으로 소망합니다. 감사합니다.

박희전 장로
흰돌교회 선임장로

추천사

할렐루야! 저에게는 조카이고 흰돌교회 담임목사이신 오철훈 목사님께서 그의 목회 여정 중에서 금번에 『화목의 목회』라는 저서를 출판하게 된 것을 먼저 하나님께 영광과 감사를 드리며 진심으로 축하드립니다.

속담에 "자식 자랑하는 자는 절반바보이고 아내 자랑하는 자는 완전바보"란 말이 있습니다. 그러나 조카 자랑에 대해서는 그런 속담이 없기에 저는 조카 오철훈 목사님 자랑을 좀 하고 싶습니다. 그는 온유 겸손하며 진실하며 언행이 일치하는 목회자입니다. 그는 학문적으로도 실력을 구비했습니다. 장로회신학대학에서 신대원 졸업 시까지 전 과목 A학점(단, 설교의 실제 1학점 B)으로 이수하였습니다. 대학원에서도 구약학을 전공하며 학문을 갈고 닦았습니다. 목회를 하면서 호남신학교에서 얼마간 히브리어 강사로 서울과 지방을 오르내리기도 했습니다. 무엇보다도 그는 기도와 설교 준비에 철두철미하여 학문과 경건을 겸비한 목사입니다. 그는 물질에 대해서도 깨끗한 목사입니다. 외부교회 헌신예배나 수련회 등 강사로 초청받아 설교나 강의한 후에 받은 사례금을 전액 장학기금으로 헌금하고 있습니다. 목회 전에 그가 부산수산대학 해양학과를 졸업하고 학사장교로 임관 후 전방에서 근무하면서 국가관이 투철하고 또 체력단련이 잘 되어 있습니다. 그래서 그는 목회자가 갖추어야 할 세 가지 힘, 곧 체력, 지력, 영력을 갖추고 목회에 임하고 있습니다.

이러한 조카 오철훈 목사님이 흰돌교회에 부임하여 심혈을 기울여 목회하는 중에 지난해에는 교회 창립 50주년을 기념하여 방대한 자료를 모은 기념화보집을 출간한 데 이어서 금년에는 그의 목회 철학이 담긴 『화목의 목회』를 출간하게 되었습니다. 목회란 교회를 맡은 목사가 예배, 전도, 교육, 봉사, 친교 등 교회 본연의 사명과 교회의 행정 그리고 설교에 주력하는 것입니다. 그런데 더욱 중요한 것은 목회의 핵심은 오직 예수 십자가 중심의 설교와 행정이어야 한다는 것입니다.

십자가(十字架)가 무엇입니까? 한마디로 희생을 통한 화목입니다. 주님께서 화목케 하는 제물이 되셨습니다. 십자가는 종적(丨)으로는 하나님과 인간과의 화목이며, 횡적(一)으로는 인간과 인간과의 화목으로 마침내 십자가(十)의 참뜻을 깨닫게 됩니다. 예수님께서 이를 위해서 이 땅에 오셔서 십자가를 지셨으며 우리들에게 화목케 하는 직분을 주셨습니다. 또한 화평케 하는 자가 복이 있으며 하나님의 아들이라고 하셨습니다. 오늘날 한국교회의 분열과 문제점의 근본적 이유는 화목하지 못한 데 있습니다.

가정도 마찬가지입니다. 오철훈 목사님은 부모에 대한 효성이 지극하며 삼형제 목사 장남 오승훈 목사님, 동생 오경훈 목사님과도 우애가 유별합니다. 사모님 세 동서도 우애가 부러울 정도로 돈독합니다. 가화만사성(家和萬事成)의 본보기가 되는 화목한 가정입니다. 로마는 하루아침에 이루어지지 않는다고 했습니다. 그런 화목의 가정을 배경으로 교회에서 목회하게 되니 자연스럽게 화목을 강조할 수 있었습니다. 저서에 담긴 그의 목회 철학과 배경, 모든 것이 다 화목에 초점을 맞추고 있습니다. 아직도 그의 남은 목회 여정이 적지 않기에 부디 초심을 잃지 말고 끝까지 화목의 목회로 일관하여 성공적인 목회가 되기를 축원합니다.

사람은 책을 만들고, 책은 사람을 만든다고 했습니다. "백 번 듣는 것이 한 번 보는 것만 같지 않다(百聞而不如一見)"고 했습니다. 저는 "백 번 듣는 것이 한 번 읽는 것만 같지 않다(百聞而不如一讀)"라는 신조어를 쓰고 싶습니다. 구슬이 서 말이라도 꿰어야 보배라 하였는데 아무리 좋은 책이라도 읽히지 않으면 휴지 뭉치가 되고 쓰레기통에 버려야 할 공해가 되고 마는 것입니다. 요즈음 전자책이니 SNS의 범람으로 종이책의 설 자리가 협소하지만 그래도 독서의 근간은 종이책을 통하여야 합니다. 인생 선배로서 목회 선배로서 후배 목회동역자들에게 오철훈 목사님의 『화목의 목회』의 일독을 권하며 한국교회의 화목에 도움이 될 것을 기원하면서 기꺼이 추천합니다.

오창학 목사
신촌교회 원로목사

추천사

영락교회에서 함께 동역한 오철훈 목사님이 흰돌교회에서 17년 동안 목회한 것을 정리하여 『화목의 목회』라는 제목으로 책을 내어놓게 되었습니다. 오 목사님은 온유한 목사님입니다. 동역자들과 항상 화목했습니다. 항상 긍정적인 말을 했고, 남을 험담하지 않는 분이었습니다. 오 목사님은 열정적이었습니다. 새벽기도를 빠지지 않았고 언제나 뜨겁게 기도하였습니다. 성경 암송과 심방 등 모든 사역에 열심이었습니다. 그리고 흰돌교회를 담임하면서 오늘까지 화목의 목회를 실천하고 있습니다.

화목은 교회의 기본입니다. 그런데 오늘날 교회가 기본을 소홀히 하고 있습니다. 양적인 성장에 모든 관심을 쏟고 있습니다. 교인의 숫자와 재정의 액수와 건물의 크기 등 외적인 성장으로 교회를 판단하고 목사를 평가합니다. 이렇게 기본을 소홀히 하고 외적인 것에만 몰두하면서 교회마다 각종 문제점이 노출되고 있습니다. 이 땅의 하나님 나라가 되어야 할 교회가 세속적인 집단으로 변질되고 있는 것입니다. 사람들의 이견을 조정하고 한마음이 되어야 하는데, 갈등과 분쟁이 되고 있습니다. 서로 사랑으로 돌보고 감싸주어야 하는데, 비판과 비난으로 서로에게 큰 상처를 주고 있습니다. 화목의 목회는 교회의 기본을 지키는 사역입니다. 화목의 기초를 먼

화목의 목회

저 든든히 세운 후에, 성장을 이루는 것이 순서입니다.

『화목의 목회』, 이 책은 혼란스러운 오늘의 교회와 사역자들에게 기본을 제시해주었습니다. 읽고 실천해야 할 과제를 제시해주었습니다. 귀한 방향을 제시해준 오철훈 목사님에게 감사를 드립니다.

이철신 목사
영락교회 원로목사

추천사

사랑하는 동생 오철훈 목사님이 이번에 『화목의 목회』라는 책을 출간하게 됨을 진심으로 축하드립니다. 먼저, 제 동생 오철훈 목사님을 좀 소개하고자 합니다. 동생은 친가 3대째, 외가 3대째 믿음의 가문에서 태어나서 언제나 교회 중심으로 잘 자랐습니다. 모태에서부터 영아 유치부, 아동부, 중고등부, 대학청년부(수산대학 해양학), 군 복무(학사장교)에 이르는 동안 언제나 신앙을 굳게 지켰습니다. 군 전역 후 하나님의 부르심을 받아 장로회신학대학교 신대원(교역학석사 3년), 대학원(구약학석사 2년), 풀러신학교(목회학박사)에서 공부를 성실하게 잘했습니다. 호남신학대학교에서 히브리어를 강의하기도 했습니다.

교회사역은 금호교회(교육전도사), 영광교회(교육전도사), 도원동교회(교육목사), 청주서남교회(부목사), 영락교회(부목사), 흰돌교회(위임목사)에 이르기까지 어디에서나 혼신을 다해 교회를 받들어 섬겼으며, 목양에 전념하는 훌륭한 목회자입니다.

오철훈 목사님은 남에게 베풀기를 좋아하는 사랑이 많은 목회자입니다. 오 목사님은 화목을 추구하는 목회자입니다. 또한 실력이 출중하면서도 겸손하고 진실한 목회자입니다. 그가 가는 곳마다 평화가 이루어지고 화합이 이루어지는 것을 보았습니다.

오 목사님은 어린 시절부터 교회학교 아동부와 중고등부, 대학 청년부에 열심히 참여했고, 교회학교 교사와 성가대, 청년부 회장으로 열심히 섬겼습니다. 오 목사님은 대학교수를 꿈꾸었는데 부산 금식기도원에서 금식하며 기도하는 중에 하나님의 음성을 듣고 신학교에 들어가 목회자의 길을 가게 되었습니다. 오 목사님은 해양학과 4학년 때에 1급 해양기사 자격시험을 치는 기회가 왔는데 그 시험일이 주일이어서 목사님께 상담을 했더니 마음에 꺼리면 하지 말라는 조언을 받고 단호히 시험을 치지 않았습니다. 지나고 보면 하나님의 뜻과 섭리가 있었던 것 같습니다.

오 목사님이 신대원 시절 장신대 동아리 시내산 선교회(개혁과 선교)에 몸담아 비가 오나 눈이 오나 변함없이 매주 금요일마다 경기도 광주기도원에 가서 밤을 새워 열심히 기도하며 경건과 학문을 쌓았습니다. 또한 시내산 선교회에서 만난 신대원 동기 커플 아름다운 김성숙 전도사님과 결혼도 하게 되었습니다. 오 목사님은 전방부대에 장교로 근무할 때 토요일에 전곡중앙교회 청년부 성경공부에 참여하고 주일에는 교회학교 교사로 봉사하고, 주일예배 시에는 찬양대로 봉사하였습니다. 그의 열심과 열정에 존경을 표합니다.

사랑하고 자랑스럽고 존경하는 동생 오철훈 목사님의 『화목의

목회』 출간을 다시 한번 축하드리며 이 귀한 책을 통해 모두가 은혜
받으시기 바랍니다.

오승훈 목사

대서교회 담임목사

추천사

저의 작은 형님이 되시는 오철훈 목사님으로부터 "경훈 목사! 이
번에 흰돌교회 50주년의 역사를 돌아보면서, 『화목의 목회』라는 책
을 출판하게 되었네. 경훈 목사가 추천사의 글을 써 주기 바란다"라
는 부탁을 받았습니다. 원고를 읽으면서 또다시 새롭게 형님 오철
훈 목사님의 신앙과 목회철학에 큰 감동을 받았습니다. "형만 한 아
우가 없다"라는 말대로 오철훈 목사님은 지금까지 모든 면에서 제
가 도저히 뛰어넘을 수 없는 목회 선배요, 언제나 든든한 버팀목이
되시는 참 목회자입니다.

저는 지금까지 형님께 많은 도움을 받았습니다. 제가 군대생활을
최서부전선 파주 101여단에서 통신병으로 복무 중일 때 형님이 전
곡에 있는 28사단 본부중대장으로 근무 중에 직접 찾아와서 외출
시켜 주고, 맛있는 식사와 목욕을 할 수 있도록 해주셨습니다. 전역
후에 신학 준비를 할 때도 많은 도움을 주어서 선지동산에 합격할
수 있었습니다. 제가 서울 성수동교회 교육전도사로 사역할 때 당
시 영락교회 부목사였던 형님을 교회학교 강사로 모셨는데, 사례비
를 받자마자 저에게 쓰라고 모두 주셨습니다. 그 후에도 강사로 모
실 때마다 사례비를 저에게 주시면서 언제나 동생을 아껴주고 사랑
을 베풀어주었습니다.

제가 과천교회 8년간 부목사로 섬기다가 세종시에 세종주님의교회 담임목사로 부임하게 되었는데 그때 교회설립 건과 노회가입 건으로 어떻게 해야 하나? 기도 중이었는데, 형님 오철훈 목사님이 도움을 주셔서 흰돌교회가 속한 평양노회에 가입할 수 있게 된 것은 첫째는 하나님의 은혜요, 둘째는 형님 오철훈 목사님의 기도 덕분이었습니다.

제가 본 오철훈 목사님은 공부를 참 잘하는 분이라고 생각합니다. 부산수산대 해양학과를 4년 장학생으로 공부하였고, 장로회신학대학 신대원(M.div)과 대학원 구약학(Th.M)과 풀러신학교 목회학 박사(D.Min) 과정도 모두 우수한 성적으로 공부를 잘 마쳤습니다. 공부도 잘하였지만, 그보다 더 기도의 영성이 충만한 목사님입니다. 형님은 장로교 목사의 정체성이 분명한 목사님이며, 한 마디로 예장통합측 목사의 FM(Field Manual)이라고 저는 생각합니다. 형님은 어려운 사람들을 보면 함께 아파하고 울어주는 사랑과 정(情)이 많은 분이며, 언제 어디에서나 피스메이커의 역할을 감당하는 목회자입니다.

형님 오철훈 목사님이 이번에 『화목의 목회』라는 책을 출판하게 됨을 진심으로 축하드립니다. 화목의 목회와 화목의 복음정신이야 말로 오늘날 이 시대 한국교회와 세계교회가 꼭 실천해야 할 정신이라고 믿습니다. 이 책은 목회자와 신학생들뿐 아니라 평신도들, 나아가 일반인 모두에게도 크게 유익한 책이 되리라고 확신하며 많은 분이 이 책을 읽기를 추천하고 싶습니다. 감사합니다.

오경훈 목사

세종주님의교회 담임목사

추천사

오철훈 목사님은 평양노회가 평남노회로 분리되기 전 함께 평양 노회 소속으로 활동한 목사님입니다. 같은 노회긴 하지만 시찰이 달라 서로 가까이할 기회가 별로 없었습니다. 그런데 함께 노회 탁구선수로 활동하며 친교를 가졌던 흰돌교회 박희전 장로님이 어느 날 전화를 주셨습니다. 매일 내가 보내는 카톡을 받으셔서 내가 『나는 행복한 바보 목사입니다』라는 책을 낸다는 소식을 알기에 우리 오철훈 목사님이 교회 창립 50주년 기념으로 책을 내게 되는데 출판에 대해 조언을 좀 해달라는 부탁이었습니다.

그래서 나를 지도해준 박성배 목사님을 소개했고 함께 만나 교회를 탐방하고 대화를 하면서 오 목사님의 살아온 여정과 흰돌교회에 부임하게 된 동기와 그동안의 목회 사역 모습들, 목회관과 가정에 대한 이야기들을 들으면서 '참 훌륭하구나' 하는 존경심과 함께 후배 중에 이런 목회자가 있다는 것이 너무 기뻤습니다. 거기에 나와 함께 서울 은퇴 목사회에서 활동하시는 대선배 오창학 목사님이 삼촌이시고, 목사 합창단에서 오래 교제를 나누는 오승훈 목사님이 형님이라는 말을 듣고 깜짝 놀랐습니다. 두 분의 인품이 너무 훌륭하신 분이기 때문입니다.

오 목사님이 내게도 추천을 요청해와 보내온 원고를 읽으며 그 순수한 목회자의 모습에 너무 큰 감동을 받았습니다. 오 목사님의 오늘 모습은 스스로의 노력이 아닙니다. 기도 속에 자녀들을 훌륭한 삼 형제 목사로 키워내신 어머님과 온유, 겸손으로 교회를 섬기신 아버지 장로님의 모습이 오 목사님의 삶 속에 그대로 담겨있습니다. 부모님과 삼촌, 목회자 형제들이 어우러진 종합 작품입니다. 이 책을 읽으시는 분들은 오늘의 오 목사님이 어떻게 해서 목회를 훌륭하게 잘할 수 있었는가를 배우며 부모와 형제의 관계에 대해 좋은 교훈을 얻게 될 것입니다. 신학교 다니면서 매주 금요일마다 시내산선교회에 속해 기도생활에 힘쓰며 학교생활이 즐거워 열심히 공부하는 그 성실한 모습이 오늘을 이루어냈음을 배우게 됩니다.

이 책에 나타나는 오 목사님의 친화적인 성품은 그의 모든 사역지가 동료들이나 가까운 이들의 소개로 이루어졌다는 글을 보아 알 수 있는데 그것은 그가 얼마나 관계를 소중히 여기는 사람인지를 보여줍니다. 사람을 소개하는 일은 쉬운 일이 아닙니다. 잘하면 좋지만 잘못하면 책임도 져야 하기 때문입니다. 그를 아는 이들이 어느 교회에 자리가 났을 때 그의 인품과 능력을 알기에 자신 있게 적극 추천을 한 것입니다. 능력보다 중요한 것은 인간관계의 성공입니다. 이런 관계가 가정과 교회와 모든 사회생활에 영향을 미칩니다. 오 목사님의 이런 성품을 이 책에서 배워야 합니다.

화목의 목회, 그것은 목회의 가장 중요한 기본자세입니다. 아무리 유능한 목회자도 이점에 실패해 하루아침에 무너지고, 비록 대형교회를 이루었어도 존경받지 못하고 뒤에서 조롱받는 모습을 보며 마음이 아픕니다. "나는 마음이 온유하고 겸손하니 나의 멍에를 메고 내게 배우라"(마 11:29). 이렇게 말하신 예수님의 모습을, 오 목사님의 인품에서 느낍니다.

나는 모든 목회자들이 이 책을 통해 올바른 목회자의 모습을 배울 수 있기를 바랍니다. 그리고 성도들이 어떻게 자녀들을 올바른 신앙인으로 키울 수 있는지 배울 수 있기를 바랍니다. 오 목사님의 그동안의 인내와 섬김의 자세에 박수를 보내며 한국교회의 본이 되신 큰 어른 한경직 목사님의 모습을 닮고 싶다는 오 목사님의 남은 목회에 응원을 보냅니다. 이 책보다 더 훌륭한 오 목사님의 목회 여정이 되기를 기도드리며….

이형우 목사
『나는 행복한 바보 목사입니다』 저자

『화목의 목회』를 쓰신 오철훈 목사님은 책의 제목 그대로 그 풍기는 모습과 대화를 통해서 '화목의 목회자'임을 알 수 있는 귀중한 목회자입니다. 이미『나는 행복한 바보 목사입니다』를 출간하여 책의 소중함과 영향력을 경험하신 이형우 목사님을 통해서 오철훈 목사님과 만나게 되었습니다. 제가 40년간 단골로 드나드는 광화문 교보에서 만나 대화를 나누면서 '이런 화목을 힘쓰는 좋은 목사님이 계셔서 그래도 한국교회에 희망이 있구나'라고 생각하게 되었습니다. 그러한 의미에서 다음과 같은 이유로 이번에 오철훈 목사님이 쓰신『화목의 목회』를 독자 여러분에게 적극 추천합니다.

첫째로, 『화목의 목회』는 오철훈 목사님의 삶과 목회가 하나로 일치된 책입니다. 책의 내용을 읽어보시면 알겠지만, 오철훈 목사님은 우리 시대의 교회가 해야 할 가장 중요한 덕목인 '화목을 몸으로 실천하는 목회자'입니다. 그의 삶과 책의 내용이 일치하는 신실한 목회자입니다. 이 책을 읽는 독자 여러분에게도 '화목의 복음 정신'이 자연스럽게 스며들게 될 것입니다.

둘째로,『화목의 목회』는 알찬 내용으로 구성된 책입니다. 오철훈 목사님이 화목을 힘쓰는 목회자가 되는 데 결정적인 영향을 미친

아버지의 온유한 성품과 어머니의 기도 그리고 작은아버지 오창학 목사님의 영향을 책에서 느낄 수 있습니다. 'Part.1'의 믿음의 가계에서 배운 좋은 신앙 배경, 'Part.2'의 흰돌교회를 목회하는 여덟 가지 목회 철학, 'Part.3'의 강단에서 선포했던 명설교, 'Part.4'의 극동방송에서 행한 방송설교, 'Part.5'의 목양 칼럼, 'Part.6'의 기독 공보 가정예배모범, 'Part.7'은 성경과 인문학으로 균형 있는 인재를 키우고자 하는 오철훈 저자의 교육철학이 느껴지는 내용입니다. 믿음으로 성실하게 목양하는 저자의 삶이 알찬 한 권의 책으로 만들어졌습니다.

세 번째로, 『화목의 목회』는 흰돌교회 한 교회에 머무를 책이 아니라, 화목의 복음이 필요한 한국교회 전체와 세계선교 현장에 꼭 필요한 책입니다. 바라기는 이 책이 닿는 곳마다 주님이 기뻐하시는 '화목의 복음 정신'이 잘 실천되기를 바랍니다. 오철훈 목사님의 귀중한 책 출간을 다시 한번 축하드립니다.

박성배 박사

『한국교회의 아버지 사무엘 마펫』 외 다수 저자

화목 목회의 여정을 쓰다

이번에 목회 여정이 담긴 『화목의 목회』를 출간하게 되었습니다. '화목의 목회'는 사도바울이 고린도후서 5장 18절에서 말씀하신 대로 '하나님께서 우리에게 주신 직분'입니다. 저는 아버지 오창환 장로님의 온유한 성품을 삶을 통해서 배웠고, 어머니 최수연 권사님의 새벽마다 하나님께 드리는 기도 속에서 성장하였습니다. 그리고 작은아버지이신 오창학 목사님의 '사랑과 화목의 목회'를 보면서 자연스럽게 목회자의 기본자세를 배우고 닮게 되었습니다. 그래서 이번에 쓴 책의 제목을 『화목의 목회』라고 정하였습니다.

『화목의 목회』에는 일곱 가지의 내용을 담았습니다. 'Part.1'에서는 아름다운 믿음의 가계에서 성장한 신앙의 배경을 썼습니다. 'Part.2'는 여덟 가지 화목의 목회 철학으로 17여 년을 섬겨온 흰돌교회 목회에 관한 이야기입니다. 'Part.3'은 매주 강단에서 선포했던 설교 중에 중요한 시기에 했던 설교를 몇 편 실었습니다. 'Part.4'는 극동방송에서 했던 설교의 내용입니다. 'Part.5'는 목회하면서 썼던 '목양 칼럼'이고, 'Part.6'은 기독 공보에 썼던 가정예배모범입니다. 그리고 마지막 'Part.7'은 성경과 고전을 균형 있게 알아야 함을 강조한 저의 교육철학에 관한 내용입니다.

책을 쓰면서 하나님께서 맡겨주신 흰돌교회 목양에 더욱더 충성하자는 다짐을 하게 됩니다. '우리의 인생은 한 권의 책과 같다'고 말한 작가 장 파울의 말처럼, 지나온 저의 인생 여정이 한 권의 책이 되었습니다. 책을 쓰면서 더욱더 다짐하게 되는 것은 하나님께서 맡겨주신 흰돌교회 목양에 더욱더 충성하자는 다짐이었습니다. 부족하지만 앞서간 믿음의 선진들처럼, 좋은 믿음의 발자취를 남기는 삶이 되자고 스스로 다짐을 하게 되었습니다. 이 한 권의 책이 '화목'이 필요한 곳에 귀하게 연결되기를 소망합니다. 모든 영광을 하나님 아버지께 올립니다. 감사합니다.

2023년 3월
저자 오철훈 목사

CONTENTS

Part.1

오철훈 목사의 신앙 성장 배경
— 아름다운 믿음의 가계에서 성장하다

Part.2

오철훈 목사의 흰돌교회 목회 철학

— 여덟 가지의 목회 철학으로 섬겨오다

Part.3

오철훈 목사의 흰돌교회 설교

— 흰돌교회에서 말씀을 선포하다

Part.4

오철훈 목사의 방송 설교

— 방송 설교로 지경이 넓어지다

Part.5

오철훈 목사의 목양 칼럼

— 목양 칼럼으로 세상과 소통하다

Part.6

오철훈 목사의 기독 공보 가정예배
— 기독 공보 가정예배로 믿음의 사람들과 소통하다

Part.7

오철훈 목사의 성경과 고전 연구
— 성경과 고전으로 기독 인재를 세워간다

Part.1

오철훈 목사의 신앙 성장 배경
— 아름다운 믿음의 가계에서 성장하다

"이는 네 속에 거짓이 없는 믿음이 있음을 생각함이라 이 믿음은 먼저 네 외조모 로이스와 네 어머니 유니게 속에 있더니 네 속에도 있는 줄을 확신하노라"(딤후 1:5).

▌아버님 오창환 장로님 팔순기념 가족사진(2009년 6월)

아버님 돌아가시기 2년 전에 찍은 소중한 추억의 사진이다. 어머님 최수연 권사님과 가운데 형님 오승훈 목사님(아래 안인순 사모님), 왼쪽에 오철훈 목사(아래 김성숙 사모), 오른쪽 동생 오경훈 목사님(옆 우정미 사모님). 손자들의 이름은 작은아버지 오창학 목사님이 바를 정(正)에 대한민국(大韓民國)을 차례대로 붙여서 지어주셨다. 오정대, 정한, 정민, 정국이며, 안타깝게도 정만이와 정세는 완성하지 못했다. 손녀들은 주은이와 혜빈이다.

어머니 최수연 권사님의
새벽기도

◇◇◇◇◇◇◇

어머니는 새벽기도를 하루도 빠지지 않고 기도하는 종이다. 외할머니는 부산의 어느 교회에서 사찰 집사님으로 봉사하며 교회를 잘 섬기셨는데 그 신앙의 유산을 잘 이어서 어머니도 철저한 신앙의 용사가 되셨다. 지금까지 삼 형제가 목회자의 길을 걷게 된 것은 첫째는 하나님의 은혜이지만, 그다음은 어머니의 새벽기도의 힘이라고 나는 믿는다. 어머니 하면 떠오르는 일화가 있다. 집에서 식사할 때 어머니가 대표기도를 하면 일가친척까지 그들 전부를 위해 기도하신다. 그래서 기도하는 동안 국이 다 식어버려서 아버지께서 기도 좀 짧게 해달라고 핀잔을 주신 적도 있었다. 그래도 어머니는 기도만 하면 언제나 그 레퍼토리가 동일하셨다. 기도할 때마다 일가친척들을 위해 기도를 다 한 후 마지막에는 캐나다에 있는 외삼촌들 가정까지 기도해야 끝이 난다. 그러면 국은 다 식어버리기 일쑤였다. 그래서 가족들이 지혜를 짜서 어머니가 기도하실 때는 국은 맨 나중에 담아서 가져오게 했다. 어머니도 참 외골수 기질이시다. 그런데 지난 안식년에 캐나다에 있는 외삼촌들 댁에 가서 신세를 지며 캐나다 한인교회에서 설교를 할 때 어머니가 캐나다 외삼촌을 위해서 하루도 빠지지 않고 기도하셨는데 내가 목사가 되어 지금 캐나다에 와서 이 강단에서 설교를 하게 되었다고 간증하니 성도들도 적잖이 은혜를 받는 것 같았다. 기도는 공짜가 없고 부도가 나지 않는다는 말이 떠올랐다.

또 한 가지 어머니에게 배울 점은 어린아이와 같은 순수한 믿음이다. 강단에서 하나님의 말씀이 선포되면 항상 '아멘'으로 믿으신다. 부정적인 생각은 조금도 하지 않고 언제나 긍정적인 자세로 '아멘' 하는 신앙이다. 천국은 어린아이와 같이 되지 아니하면 들어갈 수 없다고 했는데 어머니의 신앙이 바로 그러한 순수한 신앙이었다. 아울러 주의 종의 말씀이라면 '아니요'가 없고 무조건 순종하셨다.

또한 주의 종을 지극정성으로 잘 섬기셨다. 여하튼 맛있는 것이 생기면 우선순위는 주의 종이다. 우리는 먹고 싶어도 먹지 못하고 목사님 댁에 갖다 드리라고 한다. 내가 제일 많이 심부름 갔던 것 같다. 그래서 초인종을 누르고 목사님께 음식을 드리고 오면서 어린 마음에 "야, 목사님이 되면 좋겠구나"라고 생각했다. 그래서인지 오늘날 나도 목사가 되었고 형님도 동생도 삼 형제가 다 목회자의 길을 걷고 있는 것이 아닌지 감사할 따름이다. 전적으로 하나님의 은혜요, 어머니의 은혜다.

또한 어머니는 언제나 영적인 나실인의 서원을 하여 자녀들이 술, 담배를 일절 하지 못하도록 어려서부터 교육을 철저하게 하셨다. 한번은 이모님들과 모여서 대화를 나누는 중에 술에 대한 주제

화목의 목회

가 나왔는데 이모님들은 술 한 잔 정도는 괜찮다고 하시는데 어머니는 막무가내로 절대로 술은 마시면 안 된다고 강하게 주장하여 왕따 아닌 왕따가 되신 적도 있었다. 그런데 왕따는 왕 되신 하나님을 위하여 따로 구별된 삶을 사는 사람이라고 하지 않았는가! 나는 그러한 어머니의 타협하지 않는 절대 신앙의 권면 덕분에 술을 일절 입에 대지 않게 된 것이 감사하다. 술은 한 잔 마시면 두 잔 마시게 되고 한 병 마시면 두 병 마시게 되고 처음에는 사람이 술을 마시다가 나중에는 술이 술을 마시고 결국 술이 사람을 마시는 인사불성이 되는 것 아닌가! 나쁜 습관은 아예 갖지 않는 것이 좋다고 생각한다. 그 점에서 나는 지금까지도 어머니에게 고마운 마음을 갖고 있다.

아버지 오창환 장로님에게
온유한 성품을 배우다

◇◇◇◇◇◇◇

아버지는 평북 강계 출신으로 해방 후 월남하셨다. 강원도 태백 중학교 재학시절 6·25 전쟁이 일어나서 학도병으로 작은아버지와 함께 참전했다가 작은아버지는 전사하시고, 아버지는 계속 갑종간부 후보생으로 임관하여 23년간 군대생활을 하셨다. 아버지는 독실한 신앙의 아내를 만나서 마시던 술을 딱 끊고, 군인교회 새벽기도를 나가셔서 매일 새벽종 치는 일을 하셨다고 들었다. 또 아버지는 월남전에 백마부대 부대대장으로 참전하여 위험한 전쟁터에서 주님을 의지하여 매일 성경을 통독하고 매 주일 고국에 있는 담임목사님께 편지를 써서 신앙 간증을 하고 부대원들의 안전을 위하여 기도를 부탁하셨다고 들었다. 군대생활을 무사히 마친 후 전역을 하시고는 부산에서 정착하여 학교 앞 문구점을 운영하게 되었다. 역시 새벽기도와 함께 하루를 시작하였고 매주 첫열매 헌금을 드리는 등 철저한 신앙생활을 하셨다. "왜 십일조를 한 달 단위로 하지 않으십니까?"라고 물었더니 아버지는 금액이 많아지면 시험에 들어서 바로바로 해야 한다고 하셨다. 얼마 있지 않아 아버지는 섬기는 교회 장로님으로 피택되어 섬기시게 되었다. 지금 아버지를 생각할 때마다 아버지께 감사한 것이 있다. 당시 아버지가 장로로 시무했던 교회에는 담임목사님과 교인들의 갈등을 극심하여 큰 분쟁이 있을 때였다. 그런데 아버지는 우리 자녀들 앞에서 교회에 대한 부정적인 이야기를 한 번도 하지 않으셨고, 특별히 담임목사님의 허물에 대해서도 말한 것을 들은 기억이 없었다. 나는 이 점에 대해서 아버지께 항상 고마운 마음을 가지고 있다. 한참 감수성이 예민한 청소년 시기에 만약 교회에 대한 부정적인 생각과 목회자에 대한 부정적인 이미지를 갖게 되었다면 '내가 과연 신학교에 들어가서 목회자의 길을 걸어갈 수 있었을까'라는 생각을 한 번씩 하게 될 때가 있다. 돌이켜보면 모든 것이 하나님의 은혜다.

또 한 가지 기억나는 점은 아버지가 교회에서 중매를 많이 하셨다는 것이다. 그런데 중매에도 AS(After Service)가 있다는 것을 그때 처음 알았다. 내가 청년 때 아버지가 중매해준 젊은 집사님 한 분이 화가 나서 우리 집에 찾아와서는 "장로님, 어떻게 이럴 수가 있습니까!"라며 퍼붓기 시작했다. 그런데 아버지는 야단치기는커녕 다 듣고 있다가 잘 참고 살라고 달래시는 것이다. 청년이었던 나는 당시 아버지가 그 집사님을 호되게 나무라고 꾸짖을 줄 알았는데 아버지는 끝까지 다 들어주고 달래면서 기도해주고 돌려보냈다. 잘살 때는 절대 찾아오지 않고 꼭 가정에 불화가 있으면 중매한 아버지를 찾아서 따지는 것이었다. 그러나 아버지는 언제나처럼 똑같이 참고 살라고 권면하고 기도해주는 것이다. 참 놀라운 것은 그 집사님이 나중에 장로가 되었다는 것이다. 만약 '그때 참지 못했다면 그 가정이 어떻게 되었을까?' 하는 생각이 들었고 감사했다. 목회 사역을 하면서 한 번씩 내가 아버지의 성품을 닮게 된 것을 감사하고 있다.

목회자는 어떠한 상황에서도 참고 인내하는 것이 최고의 덕목이기 때문이다.

군대생활 가운데서도
믿음을 지키다

◇◇◇◇◇◇◇

나는 대학을 졸업하고 학사장교로 군대생활을 하게 되었다. 학사 장교 시절 추억은 소위로 임관한 후에 광주상무대에서 OBC(기초군 사반) 교육을 받을 때 큐티(QT) 모임을 결성하여 함께 새벽마다 큐 티를 하면서 믿음의 형제들과 함께 교제했던 기억이다. 가장 순수 한 젊은 시절에 군대에서 신앙인으로 만나 진실한 교제를 했던 것 은 지금도 좋은 추억으로 남아있다.

소대장 교육을 다 마치고 진곡에 있는 28사단 4대대로 근무할 때 기억에 남는 일은 매주 토요일 전곡중앙교회에 가서 청년부 예배를 드리고 청년들과 교제를 나누었던 추억이다. 당시 청년부장님 댁에 서 잠을 자고 다음 날 주일 아침에는 아동부 교사로 봉사하고, 주일 예배 성가대 봉사를 하고 식탁교제 후에 부대 BOQ(독신장교숙소)로 복귀하였던 일이다. 청년회 활동 당시에 전곡지역 교회연합회 주최 로 청년부 퀴즈대회를 해서 1등을 한 것도 오래 기억에 남는 일이 었다. 당시 청년부장님은 후에 신학교에 들어가서 전곡중앙교회 담 임목사님으로 섬기고 계신다. 생각하면 참 감사한 분들이다. 내가 군대에서 신앙을 잘 지킬 수 있도록 하나님께서 좋은 믿음의 멘토 를 만나게 하신 것이었다.

본부 중대장 시절에 연대장님 관사에서 회식할 때의 일이 떠오른다. 새로운 연대장님이 부임한 후에 각 대대별로 지휘관들과 식사를 하는 시기였다. 당시 연대장님이 부하들에게 술을 따라 주는 시간이 있었다. 내가 모셨던 4대대장으로부터 13중대장, 14중대장, 15중대장, 16중대장 그다음이 막내인 본부중대장인 내 차례였다. 술을 마시자니 하나님 앞에서 약속한 서원을 어기는 것이요, 술을 안 마시자니 부대에서 가장 높은 어른의 명을 거역하는 일이 되어 어떻게 할지 순간 갈등이 심하였다. 그때 하나님이 지혜를 주시는데 머리에 부으라는 것이었다. 그래서 연대장님이 주시는 잔을 받고 "연대장님, 죄송합니다. 제가 연대장님의 술을 마실 수는 없고 몸으로 받도록 하겠습니다" 하고 머리에 부었다. 순간 분위기는 썰렁하였다. 속으로 '야, 이제 죽었구나. 군대생활에 애로사항 꽃 피겠구나' 하는 아찔한 생각이 들었다. 그런데 옆에 있던 선배 중대장님이 "연대장님, 오 중위는 독실한 크리스천이어서 술을 마시지 않습니다" 그렇게 말을 해주자 연대장님이 "아, 그러면 진작 술 대신 음료수를 달라고 하지 왜 그랬어?" 하며 다행히도 분위기 좋게 넘어갔던 것이다. 그 이후 나는 군대생활이 매우 어려워질 것이라고 걱정을 했는데 연대 간부들 사이에서 소문이 돌았다. "오 중위, 저놈은 진짜 예수쟁이다", 이런 소문이 들려오면서 힘들 줄 알았던 남은 군대생활을 아무 지장 없이 잘 마칠 수 있었다. 모든 것이 다 하나님의 은혜였다.

신학교 시절
3가지 꿈을 이루다

◇◇◇◇◇◇

　3년 5개월의 군대생활을 은혜 중에 잘 마치고, 모교인 수산대학 해양학과 대학원으로 진학하려고 준비하던 중, 하나님의 특별한 섭리 가운데 목회자의 소명을 받게 되었다. 분명한 음성을 듣기 위해 부산금식기도원에 올라가서 일주일 동안 금식하며 기도하는 가운데 하나님의 분명한 소명(calling)을 받게 되었다. 한 번밖에 없는 인생을 주님을 위하여 온전히 바치라는 음성을 들었던 것이다. 그동안 내 생각은 모교의 대학교수가 된 후에 다 내려놓고 신학교를 가면 더 멋있겠다는 육신적인 생각을 하였는데 하나님의 뜻은 한 살이라도 젊을 때 빨리 가서 주의 일을 하라는 응답이었다.

　그 후 장로회신학대학(장신대)으로 진학하게 된 것은 작은아버지 오창학 목사님의 조언과 아울러 이미 신학대학원(신대원)을 다니고 있었던 형님의 도움이 컸다. 지금 생각해도 내가 장신대에서 신학을 공부하게 된 것이 너무나 감사하다. 장신대가 속한 우리 교단 대한예수교장로회 통합 측 신학 사상의 특징이 폭이 넓다는 것이다. 보수적인 신학 사상과 진보적인 신학 사상을 다 공부하면서 내가 필요한 신학을 정립하는 데 좌로나 우로나 치우침 없는, 중심에 서는 신학을 배우게 된 것이다. 특히 한경직 목사님의 사상에서 복음적으로는 보수적인 신앙을 가졌지만 생활 면에서는 어떠한 교단의 사람들과도 대화하고 포용하는 화합형 리더십을 배우게 되었다. 나중에 영락교회 부목사로 사역할 때 한경직 목사님의 책을 통해서 화목의 목회 철학을 배우게 된 것도 나에게는 큰 행운이라고 생각한다. 신학교 시절 내가 꼭 이루고 싶은 소원은 세 가지였다. 첫째, 기도하는 종이 되자. 둘째, 공부를 열심히 해서 장학금으로 공부하자. 셋째, 신학교 종교개혁 마라톤 대회에서 1등을 해보자.

첫 번째 소원은 시내산선교회라는 동아리에 들어가서 3년 동안 매주 금요일 저녁에 경기도 광주기도원에서 철야기도 훈련을 받으면서 나의 목회에 가장 중요한 기도목회를 정립할 수 있게 되었다. 다도다능(多禱多能), 소도소능(少禱少能), 무도무능(無禱無能)의 목회 철학을 가지고 지금까지 달려올 수 있게 되었다. 오늘의 내가 있기까지는 기도의 힘이었음을 감히 말씀드리고 싶다. 언젠가 우연히 신학교 시절 기도 노트를 본 적이 있었다. 그런데 놀라운 것은 그 당시 기도한 제목의 90% 이상이 다 응답되었다는 것이다. 기도는 공짜가 없다. 기도는 부도가 나지 않는다.

두 번째 꿈은 공부에 대한 소원이었다. 나는 신학교에 와서 공부하는 것이 너무나 재미있었고 좋았다. 그동안 세상에서 공부하고 세상의 학문도 공부하고 세상의 일들을 했지만 사실 신학교의 선지동산에서 선후배들과 교제하며 공부하는 것이 너무 행복했다. 『논어』에 보면 "지지자(知之者)는 불여호지자(不如好之者)요 호지자(好

화목의 목회

之者)는 불여락지자(不如樂之者)"라는 말이 있다. 무슨 뜻인가? "아는 자는 좋아하는 자를 못 당하고, 좋아하는 자는 즐기는 자를 못 당한다"는 말이다. 정말 신학 공부하는 것이 너무 즐거웠고 재미있었다. 그래서 공부에 집중하여 열심히 1학년 1학기를 잘 마쳤더니 감사하게도 이사장 장학금을 받고 남은 기간 동안 학비 걱정 없이 마칠 수 있게 해주셨다.

세 번째 꿈은 운동에 대한 것이었다. 해마다 가을이면 종교개혁을 기념하여 여러 가지 기념행사를 하였고 마라톤 대회도 열렸다. 1학년과 2학년 때는 2등을 두 번 하였는데, 내가 졸업하기 전에는 꼭 한 번 1등을 하고 졸업을 하겠노라 생각했다. 그런데 소원대로 신대원 3학년 졸업반 때 드디어 1등을 하게 되었다. 상금을 조금 받았는데 당시 기숙사 멤버들과 함께 구의동에 있는 식당에서 돼지갈비를 먹으며 즐거운 시간을 보내었던 일이 지금도 생생하다.

참 감사한 것은 내가 신학교에서 만났던 동기들의 도움이다. 나는 지금까지 사역지를 거의 다 동기들의 추천으로 가게 되었음을 고백한다. 교육전도사로 나갈 때도 동기 전도사님의 추천으로 가게 되었고, 나중에 청주서남교회에 부목사로 내려갈 때도 동기 목사님이 추천해주었다. 영락교회 부목사로 갈 때도 동기 목사님의 추천으로 가게 되었다. 지금 내가 17여 년간 담임목회 사역을 하고 있는 흰돌교회로 올 때도 역시 동기 목사님의 추천을 받게 되었다. 흰돌교회가 바로 당시에 추천해준 동기 목사님의 모교회였던 것이다.

부족하지만 추천해준 분에게 누가 되지 않도록 최선을 다해 목회 사역을 감당하고 있다. 나는 동기분들에게 큰 빚을 지고 있다. 늘 고마운 마음이다.

신학교에서
평생의 동반자인 아내를 만나다

◇◇◇◇◇◇◇

내 아내는 신학교 동기로 기도 모임에서 만났다. 신학교 시절 내가 가는 곳마다 같이 있었던 기억이 난다. 1학년 때 아직 교육전도사로 나가기 전에 아내에게 내가 근무했던 전곡 군부대를 탐방하러가자고 했는데 다른 동기 한 분과 함께 따라나섰다. 그리고 또 시내 산선교회 기도 모임에 가면 거기에도 와서 같이 기도하였다. 그러다 보니 자연스럽게 정이 들었다. 신학교에서 교제할 당시 장인어른은 대구제일교회 관리집사로 23년 동안 시무하고 계셨다. 목사님으로 20년 시무하기도 어려운데, 관리집사로 한 교회에 23년을 시무하셨다는 말에 감동을 받아 더욱 결혼을 결심하게 됐다.

나는 장인어른을 참 존경한다. 지금은 천국에 가셨지만 대구 처가에 내려가면 장인어른은 교회를 평생 섬기셨던 분으로서 목회자의 자세를 항상 내게 가르쳐주셨다. 목회자는 가난하고 소외된 사람들을 더 찾아가야 한다고 하셨고, 교인들을 절대로 차별하지 말고 똑같이 대해야 한다는 말을 강조하셨는데 지금도 내 가슴에 새기고 있다. 찬양도 참 은혜롭게 잘하셨다. 찬양을 인도하는 목회자가 먼저 은혜를 받고 찬양하면 듣는 성도들도 눈물을 흘리며 은혜받는다고 하시던 기억이 생생하다. 장모님은 장인어른께서 관리집사로 봉사하실 때 거지가 교회에 찾아오면 그냥 돌려보내지 않고 밥을 먹인 뒤 돈도 줘서 보냈다고 하셨다. 지극히 작은 소자에게 한 것이 곧 예수님에게 한 것이라는 말씀이 떠올랐다.

장인어른은 일전에 장로로 피택되었지만 사정상 장로직을 사양한 적이 있었다. 그러나 은퇴하기 3년 전에 다시 한번 장로로 피택되었을 때는 순종하는 마음으로 관리집사를 내려놓고 장로의 직분을 순종하여 잘 받들어 섬기셨다. 교회를 섬기신 분들은 잘 아실 것이다. 관리집사가 장로로 피택이 두 번씩이나 된다는 것이 어떤 의미인지. 그만큼 장인어른은 신앙과 생활에서 교우들의 사랑과 존경을 받는 분이었다는 것이다. 은퇴하신 후에도 교회 야간경비를 하면서 평생 대구제일교회를 섬기셨다.

장모님도 참 훌륭한 분이시다. 장모님은 장인어른이 교회 관리집사로 섬기실 때 옆에서 말없이 묵묵히 내조하며 같이 섬기셨다. 그리고 교인들이 집에 오시면 항상 국수를 삶아서 대접하는 것을 기뻐하셨다. 얼마나 교회 일을 많이 하셨으면 어깨가 9번 이상 빠졌다고 하신다. 대구제일교회 구(舊)성전에서 섬길 때는 기름보일러를 사용할 때인데 기름통을 들고 오르락내리락하다 보니 어깨가 다 상하셨다는 간증을 하실 때 눈물이 핑 돌았다. 교회를 이름 없이 빛도 없이 평생 잘 섬기신 장인·장모님. 그 봉사의 상급으로 우리 내외가 지금 부족하지만 '흰돌교회 목회를 잘 감당하고 있구나'라는 생각을 할 때마다 두 분에게 감사드린다.

화목의 목회

삼 형제가 모두
목양에 힘쓰는 목사가 되다

◇◇◇◇◇◇

　나의 형제들을 조금 소개하려고 한다. 먼저 형님은 지금 경북노회 대서교회에서 시무하는 오승훈 목사님이다. 형님은 초등학교 시절부터 장래 희망이 무엇이냐고 물으면 '내 희망은 목사님이 되는 것'이라고 말했다. 부모님도 첫째 아들은 목회자로 바치는 것을 당연하게 여기셨다. 형님은 군대생활도 1사단에서 군종병으로 근무하셨다. 이미 목회자의 길을 걸어가기 위해서 준비하고 또 준비한 것을 알 수 있다.

　형님의 성품은 한마디로 온유하고 겸손한 성품이라고 할 수 있다. 작은아버지 오창학 목사님은 형님을 격려하면서 "내 조카 오승훈 목사는 한경직 목사님처럼 온유하고 겸손한 목사야"라고 칭찬해 주신 일도 있다. 형님은 언제나 말이 없고 과묵하며 항상 온유하고 겸손하게 인내하는 목회자다. 나는 형님의 신세를 많이 졌다. 내가 신학교 입학시험을 칠 때도 형님이 있는 신학교 기숙사에 신세를 지고 공부하여 합격할 수 있었다. 당시 신학생들 사이에서는 기숙사 정원 외에 각방에서 신세 지고 숙박하는 사람들을 빈대라고 불렀다. 그래서 형님이 신대원 3학년 때 나는 1학년으로 함께 같은 기숙사 방을 썼다. 신대원 생활을 같이한 것은 내게 정말 큰 힘이 되었다. 먼저 그 길을 걸어간 형님이 있었기에 나는 비교적 순탄하게 신학교 생활도 적응할 수 있었다. 형님에게 지금도 감사한 마음을 가지고 있다.

형님은 신학교 3년 동안 시내산선교회에서 기도훈련을 많이 받은 목사다. 나도 형님 덕분에 자연스럽게 시내산선교회에 가입하여 매주 금요일 경기도 광주기도원에서 철야기도 훈련을 받을 수 있었다. 지금 생각해도 형님이 잘 인도해준 덕분이다. 형님은 지금도 대서교회를 신실하게 잘 목양하고 있다. 내가 자랑스럽게 여기는 형님이시다.

다음은 동생 오경훈 목사를 소개하고자 한다. 동생은 지금 세종 주님의교회 담임목회를 잘하고 있다. 동생은 한 마디로 열정적이고 신실한 성품의 소유자다. 동생은 과천교회 부목사로서 김찬종 목사님의 목회 영향을 많이 받아 복음전파와 선교, 지역사회 봉사에 열정적인 목회를 잘 배웠다. 결국 담임목사로 청빙되었는데 그 스토리는 정말 극적이라고 할 수 있다.

세종시의 한 감리교회에서 분립하고 개척한 교회가 있었는데 목사님은 연세가 많으셔서 은퇴하실 때가 되었다. 후임 목회자를 찾던 중 사위분이 북중미 선교사였는데 그분이 지인을 통해서 감리교가 아닌 장로교 목사를 후임으로 추천했다. 그 사람이 바로 내 동생이었다. 더 놀라운 일은 교회에 부임한 지 얼마 되지 않았을 때 하

화목의 목회

나님께서 동생에게 교회 짓는 일을 맡겨주셨다는 것이다. 생각만 해도 기적과 같은 일이 아닐 수 없다. 내 동생이지만 정말 추진력이 대단한 목회자라는 생각이 들었다. 동생은 대전극동방송국에서 방송진행도 할 만큼 지역에서 영향력 있는 목회자가 되었다. 얼마 전에 조치원지역교회연합회 목사회장을 맡아서 지역목회자들의 친교와 연합사업에 힘을 쏟고 있다. 또한 동생은 내가 속한 평양노회에서 동역자로 섬기고 있는데 노회 목사님과 장로님들이 "동생 오경훈 목사님은 참 신실하고 좋은 목사님입니다"라는 말을 들을 때마다 감사한 마음뿐이다. 앞으로도 오경훈 목사가 노회에서 기둥 같은 목회자로 성장하기를 형은 오늘도 기도한다.

작은아버지 오창학 목사로부터
성실한 목양을 배우다

◇◇◇◇◇◇◇

작은아버지 오창학 목사님은 나에게는 가장 소중한 멘토이시다. 작은아버지는 나를 만나시면 항상 하시는 말씀이 "너는 나의 길을 똑같이 따라온다"고 하신다. "내가 수산대학교를 나왔는데 너도 수산대를 나왔고, 내가 갑종간부 장교로 군대생활을 했는데 너도 학사장교로 군대생활을 마쳤다", "내가 장로회신학대학교를 입학했는데 너도 장신대에 들어왔고, 내가 대학원(조직신학)을 했는데 너도 대학원(구약학)을 했고, 내가 풀러신학교 박사학위를 받았는데 너도 풀러신학교 박사학위를 받았다", "내가 영락교회 부목사를 했는데 너도 영락교회 부목사로 시무했고, 내가 결혼해서 아들을 둘 낳았는데 너도 결혼해서 아들 둘을 낳았다"고 하며 웃으신다.

작은아버지는 나의 참 은인이시다. 내가 목회할 때 항상 본받고 싶은 목사님이 바로 작은아버지시다. 작은아버지는 진실하시고 소탈하시다. 거짓이 없는 성실하신 목자시다. 작은아버지는 우리 삼형제를 위하여 정말 많은 것을 주셨다. 작은아버지께서 항상 하시는 말씀이 있다. 가난한 신학생 시절, 학비가 없어서 어려울 때 형수님(나의 모친)이 결혼반지를 팔아서 학비를 대주셨다는 것을 늘고맙다고 하시면서 우리 조카 목사들에게 그보다 더 많은 것을 베풀어주셨다. 여기에 다 기록할 수 없지만 정말 우리 삼 형제는 작은 아버지의 그 큰 은혜를 평생 잊을 수가 없다.

작은아버지는 물질적인 면에서 욕심이 없으신 분이다. 신촌교회 원로목사님으로 은퇴하실 때 교회에서 제공해주신 사택을 교회에다 바치시고 평생의 목회 철학이었던 오직 예수만 바라보시며 여생을 아름답게 살아가시고 있다. 지금도 매일 가까운 교회 새벽기도를 하루도 빠지지 않고 기도하시며 매일 가정에서 성경 읽는 일을 게을리하지 않으신다. 목회자가 은퇴하고 나면 금방 늙고 쇠약해진다고 하지만 작은아버지에게는 해당되지 않는 것 같다. 지금도 젊은 목사 못지않게 왕성한 설교와 활동력을 보여주시고 있다. 참 부럽다. 내가 저 연세에 과연 저렇게 총명하고, 저렇게 맑은 영성을 소유할 수 있을까?

헌금(헌납)서약서

모든 영광과 존귀와 감사를 하나님께 올립니다.

부족한 제가 지난 40여 년간의 목회 중 신촌교회에서의 22년간의 목회를 끝으로 년말에 정년 은퇴를 하게 되었습니다.

지난날 신촌교회에서 베풀어 주신 사랑에 보답코저 저의 22년간의 퇴직금 전액을 건축헌금으로 작정한 바가 있는 데 은퇴 시에 교회헌금 수입으로 정산 처리하여 주시기 바랍니다.

특히 부족한 저를 위하여 지난 6월 28일 임시당회와 7월 19일 공동의회에서 파격적인 예우(생활비 및 주택)로써 은퇴 시에 원로목사로 추대키로 결의해 주신데 대하여 당회와 교회 앞에 심심한 감사를 드립니다.

주택(자금 八億원)은 저희 내외가 이 땅에서 살 동안만 거주키로 하고 은퇴에 즈음하여 다시한번 감사의 예물로 신촌교회에 헌금(헌납)키로 작정했으니 법적 절차를 거쳐서 교회의 재산으로 귀속시켜 주시기 바랍니다.

저희 내외가 살다가 세상을 떠날 때 헌금(헌납)하는 방법도 있겠으나 내일 일을 예측할 수 없는 시점에서 살다가 세상을 떠날 때 바치는 것보다는 미리 바치고서 살다가 세상을 떠나는 것이 저희 내외에게 더욱 보람된 것이기 때문입니다.

이상과 같이 감사의 뜻을 담아 헌금(헌납)키로 서약합니다.

주후 2009년 8월 30일(교회창립 제54주년 기념주일)

담임목사 오 창 학
아   내 유 순 화

대한예수교 장로회 신촌교회 당회원 및 교우일동 귀중

Part.2

오철훈 목사의 흰돌교회 목회 철학

— 여덟 가지의 목회 철학으로 섬겨오다

"하나님을 찬미하며 또 온 백성에게 칭송을 받으니 주께서 구원받는 사람을 날마다 더하게 하시니라"(행 2:47).

▌입당예배 시 흰돌교회 당회원 일동(2019년 7월 14일)

(앞줄 왼쪽부터) 권오건 장로님, 김재원 장로님, 김춘길 장로님, 기동선 장로님, 이성옥 장로님, 필자, 송성열 장로님, 손금섭 장로님, 한광수 장로님, 전춘표 장로님

(뒷줄 오른쪽부터) 박승웅 장로님, 김효배 장로님, 노진섭 장로님, 김종섭 장로님, 오일남 장로님, 박희전 장로님, 우성규 장로님, 김성태 장로님, 안창덕 장로님, 여용구 장로님, 김종석 장로님, 금길수 장로님

위의 장로님들은 부족한 종의 '화목의 목회' 동반자요, 든든한 후원자들이시다.

첫째, 흰돌교회 역사와 전통을 존중하며 이어가다

◇◇◇◇◇◇◇

흰돌교회는 53여 년의 역사를 가진 전통적인 장로교회라고 할수 있다. 시작은 1970년 10월 18일, 천막을 치고 드린 첫 예배였다. 당시에 유년부 65명, 학생 40명, 장년 38명 등 도합 143명이 출석하여 예배를 드렸다. 흰돌교회는 그동안 오직 성경, 오직 예수, 오직 믿음, 오직 은혜, 오직 하나님께 영광 돌리는 복음주의적인 신앙의 토대 위에 지역사회를 섬기는 모범적인 교회로 성장해왔다.

흰돌교회의 역사를 소개할 때 빠뜨릴 수 없는 것이 바로 흰돌교회를 섬겼던 역대 담임목사님들의 면모다. 흰돌교회에 부임한 직후 앞선 목사님들의 발자취를 살펴보고, 가능하면 단점은 보지 않고, 장점을 보고 계승하려 노력했다. 부임한 후에도 나의 철칙은 전임자에 대한 부정적인 말은 가능하면 언급하지 않는 것이 좋다는 것이었다. 목사는 교인을 잘 만나야 하고, 교인은 목사를 잘 만나야한다는 말이 있다. 좋은 목회자와 좋은 교인이 만날 때 시너지 효과를 내어 부흥을 이루게 되는 것이다. 그런 점에서 흰돌교회는 대대로 좋은 목사님들이 오셔서 각자의 달란트대로 최선을 다하여 교회를 잘 섬기셨다고 나는 믿는다.

1대 목사님은 고 김선환 목사님이셨다. 한마디로 아버지와 같은 목회자로 교인들을 사랑으로 잘 목양하셨다. 흰돌교회가 대한예수교장로회 평양노회로 가입하게 된 것도 바로 1대 김선환 목사님이 이북출신이셨기 때문으로 보인다. 김 목사님은 1970년에서 1982년까지 12년간 목회 사역을 잘 감당하셨다. 은퇴하실 때 교회도 최선으로 예우하여 교회의 아름다운 전통을 세우게 되었다.

2대 목사님은 고 황장옥 목사님이다. 한마디로 흰돌교회의 부흥을 이룬 목사님이라고 할 수 있다. 흰돌교회가 이 시기에 급성장하였고, 전 교인의 땀과 눈물로 현재의 위치에 아름다운 예배당을 짓게 되었다. 입당예배 시에 영락교회 한경직 원로목사님이 오셔서 설교말씀을 전해주시기도 하였다. 황 목사님은 7여 년간의 담임목회 사역을 오로지 희생과 헌신으로 감당하시다가 1989년 2월 9일 불의의 교통사고로 영원한 하나님 나라에 들어가시게 되었다. 교회적으로도 엄청나게 충격적인 사건이 아닐 수 없었다. 교계에 큰 별이 지고 만 것이다. 교회 건축도 힘들게 잘 완성했고, 이제는 그 토대 위에 더 큰 부흥을 이루어야 할 시점에 하나님께서 왜 목사님을 부르셨는지 분명 하나님의 뜻과 섭리가 있다고 믿지만 지금도 안타까운 마음을 금할 수가 없다.

3대 목사님은 고 백현기 목사님이다. 한마디로 선교에 최선을 다했던 목사님이라고 소개할 수 있다. 당시 평양노회 신광교회를 개척하여 사역을 잘 감당하셨고, 흰돌교회 당회의 청빙을 받아 황 목사님의 후임으로 1989년부터 2006년까지 17년 동안 시무하시면서 흰돌교회를 잘 섬기셨다. 재임 중에 가장 많이 힘쓰신 분야가 선교였다. 은퇴하신 후에도 세계 순회선교사의 직분을 맡아서 선교사님들의 사역을 격려하고 후원하는 일에 최선을 다하셨다. 안타깝게도 선교지에서 병을 얻어서 귀국 후 투병하시다가 하나님의 부르심을 받으셨다.

4대 목사로 부족한 종인 내가 흰돌교회로 부임하게 된 것은 전적인 하나님의 은혜와 섭리라고 말하지 않을 수 없다. 당시 나는 영락교회 부목사로서 7년째 섬기고 있었고, 7년이 지나면 사임하고 나가야 하는 상황에서 사역지를 놓고 하나님께 절박하게 기도하고 있었다. 영락교회 부목사로 섬겼던 6년의 세월보다 마지막 1년이 담임목회를 위한 영적인 준비 기간이요, 훈련 기간이었음을 간증하지 않을 수 없다. 당시 흰돌교회는 이미 5월에 영락교회 부목사님 중 한 분이 원서를 낸다고 하셔서 나는 다른 교회를 지원하고 기다리고 있었다. 따라서 흰돌교회는 5월 말로 청빙이 마감되었다고 알고 있었다. 그런데 우연히 친구 목사님을 통해서 다른 소식을 듣게 되었다. 그동안의 청빙 과정이 원만하게 진행되지 않아 흰돌교회가 다시 추천으로 담임목사 청빙을 진행하고 있다는 것이다. 그때 신학교 동기였던 지성우 목사님이 나를 잘 알고 담임으로 적극 추천해주었다. 참 하나님의 은혜는 놀라울 따름이다. 당시 흰돌교회도 전임 백 목사님이 송구영신예배 때 사임인사를 하신 후에 거의 11개월 동안 담임목사 공백이 있어서 교인들의 동요가 극심할 때였다. 이번에 청빙이 완료되지 않으면 교회를 떠나겠다는 교인까지 있었다고 나중에 들었다. 정말 청빙받은 나도, 청빙한 흰돌교회도 하나님은 서로를 가장 절박한 상황 속에서 만나게 하셨던 것이다. 흰돌교회 당회는 부족한 종을 청빙하기로 결의하였고, 나는 청빙설교를 하게 되었다. 제목은 '역전의 명수'였다. 나는 흰돌교회 부임 이후 흰돌교회를 목양했던 선배 목사님들의 장점을 잘 계승하고, 단점은 보완하여 부족하나마 지금까지 17여 년간 목회를 하고 있다. 지나보면 모든 것이 하나님의 은혜였다. 지금 이 시간에도 나는 "하나님이 하셨습니다"라는 고백을 하지 않을 수 없다.

화목의 목회

둘째, 부임 당시부터
화목을 강조하다

◇◇◇◇◇◇◇

내가 처음 흰돌교회로 부임했을 때 교회의 상황은 결코 쉽지 않았다. 그 핵심은 전임목사님의 사임과 관련된 것으로 교우들의 다양한 견해가 갈라져 있었던 것이다. 지역적으로 영·호남의 갈등요소가 있었고, 같은 지역 사람들끼리도 전임목사님을 옹호하는 측과 전임목사님을 반대하는 측으로 나뉘어서 첨예하게 대립하는 구조였다. 그래도 다행인 것은 전임목사님에 대한 예우를 교회가 최선을 다해 신경 써주었다는 것이다. 내가 부임하고 처음으로 중랑구 교경협의회 목회자 모임에 갔을 때, 어느 목사님이 "흰돌교회는 좋은 교회입니다. 전임목사님에 대한 예우를 잘해드렸어요"라는 말을 들었던 기억이 지금도 생생하다. 우여곡절은 많았지만 전임목사님에 대한 예우를 교회가 최선으로 해드렸기에 지역에 좋은 소문이 났고 이는 흰돌교회가 다시 도약하는 데 큰 도움이 되었다.

이러한 교회의 상황을 파악하고 내가 목회자로서 가장 먼저 강조한 것이 바로 화목이었다. 나는 영락교회에서 7년간 부목사 사역을 하면서 한경직 목사님의 생애에 관한 책들과 설교집을 읽을 기회가 많았다. 한번은 한경직 목사님이 교회 부흥을 묻는 분의 질문에 대답하기를 "교회는 교인들끼리 싸우지 않고 화목하기만 하면 자연히

부흥합니다"라고 했다. 이 말이 인상 깊어서 만약 내가 담임목사가
되면 첫째도 화목, 둘째도 화목, 셋째도 화목한 교회를 만들겠다고
다짐하게 되었다. 그래서 말씀을 전할 때도 화목, 기도회를 인도할
때도 화목, 심방을 할 때도 화목, 행정을 할 때도 화목을 강조했다.
교인들의 귀에 못이 박힐 정도로 화목을 강조하고 또 강조하였다.
지금의 흰돌교회가 평안하고 든든하게 세워진 비결은 화목에 있다
고 자부하고 싶다. 목회자와 교인이 화목하고, 교인과 교인이 화목
할 때 가장 행복한 교회, 가장 행복한 신앙생활이 될 줄 믿는다.

화목의 목회

셋째, 기도목회를 위해
중보기도실을 활성화하다

◇◇◇◇◇◇◇

화목의 목회 다음으로 내가 교우들에게 강조한 것이 바로 기도목회였다. 교회는 인간적인 힘으로는 한계가 있다. 결국 영적으로 기도가 살아나야 교회가 영적으로 살아난다. 나의 목회에서 가장 귀중한 자산은 신학교 3년 동안 매주 금요일마다 산에 올라가서 철야기도 훈련을 했던 일이다. 목회를 하면 할수록 절감하는 것은 "다도다능(多禱多能), 소도소능(少禱少能), 무도무능(無禱無能)"이라는 것이다. "Much prayer, much power. Little prayer, little power. No prayer, no power", "기도가 많으면 능력이 많고, 기도가 적으면 능력도 적고, 기도가 없으면 능력도 없다"는 뜻이다. 기도는 그 교회의 영적인 엔진과도 같다. 기도하는 교회는 살아 움직이는 교회다. 그러나 기도가 없는 교회는 살았다 하는 이름은 있으나 실상은 죽은 교회일 뿐이다.

제일 먼저 기도실을 점검하고 중보기도실을 활성화하였다. 월요일부터 토요일까지 중보기도자를 세워서 한 시간도 빠지지 않고 기도실에서 기도 소리가 끊어지지 않도록 기도를 독려했다. 정말 기도는 능력이다. 기도하면 하나님이 일하신다. 기도하지 않고 하는 일은 인간의 일이지만, 기도하고 하는 일은 하나님의 일이다. 기도는 아침의 열쇠요, 저녁의 자물쇠다. 기도는 하늘 보화를 여는 열쇠와도 같다. 그리고 중보기도에 헌신하는 분들을 모집하여 중보기도학교를 매년 실시하였다. 수료 후에는 매일 한 시간씩 중보기도를 하도록 격려하였고, 매 주일은 1부, 2부, 3부, 4부 예배에 중보기도자를 선정하여 예배를 위한 중보기도도 실시하였다. 예배시간에 설교자를 위하여 중보기도하고 있다는 생각을 할 때 말씀선포시간에 더 큰 성령의 능력을 체험할 수 있었다.

그리고 새벽기도를 많이 강조하였다. 새벽기도는 나 자신도 정말 심혈을 기울이고 있다. 설교 원고를 철저하게 검토하고, 설교도 2, 3일 미리 준비하고 있다. 허겁지겁 준비하면 마음이 급해지기 때문이다. 새벽기도 시에는 나라를 위하여, 교회를 위하여, 환우들을 위하여 뜨겁게 합심하여 기도한 후에 자유롭게 개인기도를 한다. 처음 10여 분 정도는 같은 기도제목을 붙잡고 통성으로 "주여! 주여!" 부르짖고 기도하면 성도들이 기도의 줄을 잡고 자연스럽게 개인기도에 들어갈 수 있는 것이다. 가능하면 새벽기도는 부교역자들에게 맡기지 않고 담임목사가 직접 인도하려고 노력하고 있다. 새벽은 홍해가 갈라지고, 여리고의 장벽이 무너지고 만나가 내려오는 시간이다. 반드시 새벽에 기적이 일어날 줄 믿는다.

그리고 금요심야기도회는 면목동 중랑구에서 가장 뜨겁게 기도하려고 한다. 심야기도회는 말씀도 말씀이지만, 기도에 더 많이 집중하고 있다. 나는 장로교 목사이지만 심야기도회만큼은 순복음교회 이상으로 뜨겁게 기도하기를 원한다. 우리 교인들이 기도원에 올라갈 필요성을 못 느낄 만큼 더 뜨거운 심야기도회가 되기를 개인적으로 소원하고 있다. 성경에 있는 대로 뜨겁게 부르짖고 있다. "너는 내게 부르짖으라 내가 네게 응답하겠고 네가 알지 못하는 크고 은밀한 일을 네게 보이리라"(렘 33:3). 정말 우리 흰돌교회는 뜨거운 교회가 되기를 바란다. 기도가 뜨겁고, 찬송이 뜨겁고, 봉사 열기가 뜨거운 교회다. 그리고 충만한 교회가 되기를 바란다. 말씀이 충만하고, 성령이 충만하고, 은사가 충만한 교회다. 또한 가득한 교회가 되기를 바란다. 사랑이 가득하고, 기쁨이 가득하고, 감사가 가득한 교회다. 기도회 시간에 상처 입은 영혼과 병중에 있는 분들을 위해서 치유 기도를 해주고 있는데 치유의 역사가 일어났다고 간증하는 분들이 종종 있다. 얼마나 감사한 일인가? 우리가 마음을 다하여 기도하면 하나님은 지금도 일하고 계신다.

넷째, 항존직을 비롯한
전교인 대심방을 실시하다

◇◇◇◇◇◇◇

흰돌교회에 부임하면서 제일 먼저 환자 심방과 더불어서 항존직 심방을 시행했다. 장로님들 가정부터 안수집사님들과 권사님들 가정을 심방했다. 제직들과 온 성도의 가정을 다 심방하는 데 거의 1년 반이 걸렸던 것으로 기억된다. 영락교회 교구 부목사로 시무할 때 매년 1번씩 대심방을 실시했던 교구사역 경험이 담임목회에 큰 도움이 되었다고 고백할 수 있다. 대심방을 통해서 알 수 있었던 것은 교인들의 마음이었다. 나는 심방을 가서 내가 말을 하기보다는 가능하면 교인들의 말을 많이 들어주려고 노력했다. 담임목회를 나가기로 결정되었을 때 영락교회 장로님 한 분이 좋은 충고를 해주었는데 지금까지도 마음에 새기려고 노력한다. "목사님, 담임목사가 되시면 교인들이 찾아와서 건의사항을 말할 때 때로는 마음에 들지 않아도 일단 끝까지 들어주시기만 하면 큰 문제는 없을 겁니다". 참 고마운 분이라고 생각한다. 나는 담임목사로서 아직도 많이 부족한 사람이라고 생각하지만 한 가지 '교인들의 말을 잘 들어주는 목사가 되자'라는 생각에는 지금도 변함이 없다. 일단 교인들의 말을 잘 들어주기만 해도 교인들의 마음이 풀어지고 문제의 절반은 해결되는 것을 볼 수 있었다.

화목의 목회

그리고 말씀을 전하고, 기도해줄 때는 정말 뜨겁고 간절하게 기도해주었다. 가는 곳마다 손을 얹고 안수하고 축복기도를 해주었다. 지금도 설교 시마다 축복으로 설교를 시작하고 있다. 목회자가 마음먹고 교인의 가정을 축복하면 그 축복이 그대로 이루어지는 경우를 많이 체험하였기 때문이다. 목회도 절대로 저주목회를 하지 말고 축복목회를 해야 할 줄 믿는다. 하나님은 모든 목회자들에게 축복권을 주셨다. 그러므로 우리 목회자들은 교인들의 가정을 심방하면서 마음껏 축복해줄 사명이 있다. 가능하면 가족들의 이름을 다 파악하고 한 사람도 빠트리지 않고 호명하며 축복기도를 해드렸다. 목회자가 축복한 대로 그대로 될 줄 믿기 때문이다.

지금까지 30년 이상 목회 사역을 하면서 내린 결론은 교회 문제의 90%는 목회자에게 있다는 것이다. 목사가 바로 서면 교회가 바로 서지만 목사가 잘못하면 교회 공동체 전체가 흔들릴 수밖에 없다. 그래서 부족한 종은 오늘도 스스로 다짐하는 말이 있다. "내가 살면 교회가 죽고, 내가 죽으면 교회가 산다".

다섯째, 주님의 지상명령인
전도와 선교에 힘쓰다

◇◇◇◇◇◇

"이르시되 우리가 다른 가까운 마을들로 가자 거기서도 전도하리니 내가 이를 위하여 왔노라 하시고"(막 1:38). 주님이 이 땅에 오신 목적은 전도하기 위해 왔다고 하셨다. 교회의 목적도 전도에 있다. 에밀 부르너는 "불은 타야만 존재하듯이 교회는 전도함으로 존재한다"고 했다. 교회가 전도하지 않으면 이미 존재가치를 상실한 교회가 되고 말 것이다. 초대교회는 전도에 힘쓰는 교회였다. "그들이 날마다 성전에 있든지 집에 있든지 예수는 그리스도라고 가르치기와 전도하기를 그치지 아니하니라"(행 5:42).

왜 전도가 중요한가? 한 사람이 예수를 믿고 구원받아 신앙생활을 하게 되는 것은 스스로 믿게 된 경우는 거의 없고, 누군가의 전도를 통해서 믿게 되기 때문이다. 믿는 부모님을 통해서 자녀가 예수 믿게 된 경우, 믿는 자녀를 통해서 부모가 예수 믿게 된 경우, 배우자를 통해서 예수 믿게 된 경우, 형제자매를 통해서 예수 믿게 된 경우, 친척을 통해서 예수 믿게 된 경우, 친구를 통해서 예수 믿게 된 경우, 선배를 통해서 예수 믿게 된 경우, 직장상사나 동료를 통해서 예수 믿게 된 경우, 이웃을 통해서 예수 믿게 된 경우 등 누군가의 전도를 받고 예수를 믿게 되었다는 것이다. 고린도전서 1장

21절에 보면 다음과 같은 구절이 있다. "하나님께서 전도의 미련한 것으로 믿는 자들을 구원하시기를 기뻐하셨도다".

지금 우리 교회가 코로나 이후 가장 큰 타격을 입은 것이 바로 전도다. 코로나 기간 동안 예배는 온라인으로도 드릴 수 있었지만 전도하여 새 가족을 현장예배에 데리고 온다는 것은 정말 힘든 일이었다. 그래서 코로나 기간 동안 교회마다 새 가족 유입이 현저하게 떨어지고 말았다. 목회데이터연구소의 한국교회 새 가족 유입 통계를 보면 코로나 이전에는 16%였는데, 코로나 이후는 0.9%로 떨어졌다는 것이다. 흰돌교회도 코로나 이전에는 새 가족이 매년 140~150여 명이 등록되었는데 코로나 이후에는 현격히 줄어들고 말았다. 2020년에는 20명, 2021년에는 10명, 2022년에는 35명이다. 이제 코로나가 잠잠해지면 가장 먼저 전도가 회복되어야 할 것이다. 우리 교회는 코로나 이후에 전도를 다양한 방법으로 지혜롭게 하고 있다. 코로나가 한창 창궐할 때는 마스크를 한 장씩 전하면서 전도하기도 했다. 그리고 코로나가 좀 잠잠해질 때 최근에는 붕어빵 전도를 시행하고 있다. 흰돌 붕어빵은 정말 맛이 기가 막히다. 재료도 최상급의 재료를 사용하고, 기도하면서 반죽하고 기도하면서 구우니까 정말 맛있다. 이 빵을 먹어 본 면목동 주민들은 이구동성으로 맛있다고 칭찬을 한다. 실제로 붕어빵을 먹고 교회에 등록하는 분도 있었다. 이제는 붕어빵 전용차량도 준비해서 세계적인 붕어빵 전도가 되었다. "많은 사람을 옳은 데로 돌아오게 한 자는 별과 같이 영원토록 빛나리라"(단 12:3).

전도가 국내에 있는 영혼을 구원하는 일이라면 선교는 해외에 있는 영혼을 구원하는 일이라고 할 수 있다. 교회사를 보면 선교사를 많이 파송했던 나라들이 경제적으로도 부강한 나라가 되었음을 알 수 있다. 대한민국이 짧은 기간에 산업화와 민주화를 이루어내고 최근에는 선진국의 반열에 들어갈 수 있었던 비결은 세계에서 미국 다음으로 선교사를 많이 파송하는 나라가 되었기 때문이라고 나는 확신한다. 앞으로도 우리 교회가 중점을 두고 해야 할 과업이 바로 세계선교라는 것을 잊어서는 안 될 것이다. 선교에서 가장 중요한 것은 하나님의 선교(Missio Dei)다. 선교는 사람이 하는 것이 아니라 하나님이 하신다는 것이다. 그런데 하나님은 혼자서 일하시지 않고 언제나 하나님 마음에 맞는 사람을 통해서 일하신다. 그래서 중국 선교의 아버지인 허드슨 테일러는 "하나님의 방법은 사람"이라고 간증했던 것이다. 지금 한국교회는 코로나 이후 교회마다 재정적인 상황이 열악해지면서 가장 먼저 국내선교와 해외선교 후원을 끊는 일이 빈번해지고 있다. 그러나 아무리 교회가 어려울지라도 국내선교와 해외선교 후원을 줄이지 말고 더 늘려가야 할 것이다. 선교하는 교회는 하나님께서 반드시 넘치도록 채워주시고, 복을 주신다고 약속하셨기 때문이다. "주라 그리하면 너희에게 줄 것이니 곧 후히 되어 누르고 흔들어 넘치도록 하여 너희에게 안겨 주리라"(눅 6:38). "주 예수께서 친히 말씀하신 바 주는 것이 받는 것보다 복이 있다 하심을 기억하여야 할지니라"(행 20:35).

여섯째,
제자양육을 활성화하다

◇◇◇◇◇◇◇

목회의 핵심은 사람을 키우는 것이다. 결국 하나님의 방법은 사람이기 때문이다. 그래서 제일 먼저 시행한 것이 구역지도자 훈련이었다. 구역장들의 사명감을 고취하기 위해서 화요일 오전 10시부터 오후 12시까지 1년 27주 동안의 과정으로 구역장 훈련을 시행하였다. 모임을 시작할 때는 찬송으로 뜨겁게 마음 문을 열고, 매모임 지정된 성경 구절을 암송하고, 서로가 깨달은 말씀의 은혜를 깊이 나누었다. 그리고 마칠 때는 항상 서로의 중보기도 제목으로 합심하여 기도했다. 많은 기도의 응답을 체험하게 되었다. 성경 공부가 끝나면 그냥 헤어지지 않고 가까운 식당에서 식사하면서 1년동안 교제의 시간을 갖게 되었다.

그리고 일대일 제자양육 훈련을 시행하였다. 정말 고무적인 것은 장로님들이 먼저 일대일 훈련을 받았다는 것이다. 주일날 그렇게 바쁘고 일이 많았는데 장로님들이 시간을 내서 한 분도 낙오하지 않고 훈련을 마쳤다. 장로교 정치는 당회 정치요, 담임목사는 우선 당회를 잘 운영해야 한다. 당회가 하나 되기만 하면 교회의 모든 사역은 원활하게 잘 운영된다. 그러나 당회가 사분오열되면 목회는 참 어려워진다.

그동안 당회원들이 회의와 결제만 하다가 일대일 제자 훈련을 통해서 말씀의 은혜를 나누고 서로의 간증을 나누면서 새로운 은혜의 시간을 경험하게 되었다. 일대일 제자 훈련반을 마치고 수료기념으로 수학여행을 설악산으로 갔다. 등산도 하고, 맛있는 음식도 먹고, 친교도 하고 교회의 장래를 위하여 토론도 하는 유익한 시간도 보냈다. 장로님들이 교인들을 맡아서 일대일 제자양육을 또 실시하도록 하였다.

장로님들이 일대일 제자양육을 하니까 이제는 안수집사님들도 하자는 말이 나왔다. 그래서 안수집사님들을 세 반으로 나누어 담임목사, 부목사 2명이 각반을 담당하여 열심히 또 한 학기 동안 가르쳤다. 수료할 때 설악산에 가서 졸업여행도 하면서 친교의 시간도 가졌다. 안수집사님들도 이러한 시간을 가진 것은 처음이었다고 좋아했다. 그리고 안수집사님들도 교인들 가운데 한 사람을 택하여 일대일로 직접 제자양육하는 시간을 가지게 하였다.

예수님의 3년 공생애 사역의 중점이 바로 12명의 제자를 키우는 일이었다. 오늘 우리도 12명의 제자를 내 어깨 위에 세워야 할 줄 믿는다. 사과나무의 열매는 사과가 아니라 또 다른 사과나무라고 했다. 구역장의 열매는 구역 식구가 아니라 또 다른 구역장이다. 교사의 열매는 나와 같은 말, 같은 마음, 같은 뜻을 가진 또 다른 교사다. 전도자의 열매는 새 가족이 아니라 또 다른 전도자다. 기도자의 열매는 나와 똑같은 비전을 가진 또 다른 기도자다. 우리의 소원은

화목의 목회

영적인 재생산이다. 꿈에도 소원은 영적인 재생산이다. 12명의 제자를 내 어깨 위에 세우는 예수 그리스도의 제자양육 비전을 이루어드리는 흰돌교회가 되기를 소원한다.

일곱째, 다음 세대를
그리스도의 품으로 이끌다

◇◇◇◇◇◇

우리 교회의 미래는 다음 세대에 달려있다. 교회에는 다음 세대, 즉 어린이와 청소년들이 많아야 미래에 희망이 있는 교회가 된다. 그런데 지금 한국교회의 현실은 어떠한가? 만약 이대로 가면 20년, 30년 후에는 텅텅 비는 교회들이 속출하게 될 것이다.

사실 과거의 교세 통계를 보면 대부분의 교회가 장년 교인의 숫자보다 교회학교의 숫자가 더 많았다. 장년 교인 수는 100명밖에 안 되어도 어린이 청소년 교회학교는 200명이 넘는 교회가 대부분이었다. 우리 흰돌교회도 창립 당시 1970년 10월 18일 첫 예배를 드릴 때 어린이 65명, 학생부 40명, 장년부는 38명이었다. 장년부보다 다음 세대가 무려 3배 가까이 많았다. 결국 70~80년대 부흥의 비결은 50~60년대의 주일학교가 부흥하였기 때문이었다. 심어놓은 것을 그대로 거둔 것이다. 당시에 은혜받았던 아이들이 오늘날 교회의 목사, 장로와 권사 등 중직자가 된 것이다. 그러나 지금은 어떠한가?

교회학교가 점점 더 약화되고 있는 것이 현실이다. 교회마다 교회학교가 없는 교회들이 50%가 넘는다고 하는데 앞으로 더 심화

될 것이다. 교회마다 장년 숫자보다 어린이 청소년 숫자가 훨씬 더 적다. 물론 저출산의 영향도 있지만 교회학교가 점점 더 급속히 줄어들고 있다. 그렇지 않아도 교회학교가 침체되고 있었는데, 거기에 더 가속도를 낸 것이 바로 3년간의 코로나 19 사태였다. 사상 초유의 비대면예배를 드림으로 장년부보다 어린이, 청소년부가 더 큰 타격을 입고 말았다. 정말 교회 차원에서 위기의식을 가지고 다음 세대를 위한 대비책을 마련하지 않으면 안 될 것이다. 지금 우리 당대는 괜찮을지 모르지만 다음 세대에는 심각한 문제가 발생하게 될 것이다. 부지런히 심지 않으면 미래가 어둡게 될 것이다. 심지 않고 거두는 법은 없다. 지금이라도 투자해야 한다. 늦기 전에 미래를 위해 투자하자.

다음 세대를 잘 키우면 얼마 있지 않아 이들이 곧 교회의 기둥이 될 것이다. 뿐만 아니라 교회학교를 위한 투자는 미래의 투자인 동시에 현재를 위한 투자도 된다. 점점 더 교회를 떠나고 있는 30, 40대 가나안 교인(거꾸로 하면 안나가 교인)을 붙잡을 수 있는 마지막 기회일 수 있다. 교회학교의 어린이, 청소년 부모세대라고 할 수 있는 30, 40대를 교회로 인도해야 한다. 30, 40대 가나안 교인들은 본인이 교회에 나오지 않으면서도 자녀들을 교회에 보낼 때 그 교회의 교육체계를 살펴본다. 요즘은 가정마다 부모보다 자녀가 우선이다. 자녀를 교회학교에 보낸 부모들은 언젠가는 교회로 돌아오게 되어 있다. 그러므로 교회는 다음 세대를 위해 더욱 적극적인 투자를 해야 한다. 이것은 단순한 다음 세대를 위한 미래의 투자일 뿐 아니라

30, 40대 가나안 교인을 교회로 돌아오게 할 현재를 위한 투자이기도 하다.

휜돌교회는 다음 세대를 위한 기금을 준비하고 있다. 전 교인이 '111장학헌금'을 서약하고 '1년에 1사람이 1만 원 이상'의 헌금을 작정하여 다음 세대를 위한 장학헌금으로 드리고 있다. 뿐만 아니라 담임목사도 솔선수범하여 결혼주례 및 외부 강사 설교 사례금을 다음 세대 장학금으로 기탁하고 있다. 얼마나 감사한 일인가!

화목의 목회

여덟째,
지역사회에 칭찬받는 교회가 되다

◇◇◇◇◇◇

"하나님을 찬미하며 또 온 백성에게 칭송을 받으니 주께서 구원받는 사람을 날마다 더하게 하시니라"(행 2:47). 오늘날 한국교회의 문제점은 교회가 더 이상 사회로부터 존경과 칭찬을 받지 못하는 것이다. 오히려 비난의 대상이 될 때가 더 많다. 지도력은 영향력인데, 교회가 선한 영향력을 잃어버리고 말았다.

과거에는 교회가 숫자는 적었어도 사회에 영향력은 컸다. 1919년 3·1 운동 당시 기독교인은 1%밖에 되지 않았다. 한반도 전체 인구가 2천만 명이던 당시에 기독교인은 20만 명에 불과했다. 그러나 3·1 운동을 주도한 33인의 대표 중에서 16명이 기독교인이었다. 뿐만 아니라 초기 선교사들이 들어오면서 학교를 짓고, 병원을 지으며, 민족계몽에 앞장서는 등 매우 긍정적인 이미지를 주었었다. 당시 유교나 불교는 이러한 민족을 계몽시키는 일이 미미했다. 반면 기독교는 이러한 일에 앞장서서 사회에 좋은 이미지로 다가올수 있었다. 그 결과 짧은 100년의 선교 역사에 천만 기독교라는 놀라운 양적 성장을 이룰 수 있었던 것이다. 교회가 민족의 희망이라는 좋은 이미지를 심어주었기 때문에 가능한 일이었다.

우리 신앙생활은 항상 십자가를 생각하면 된다. 십자가는 수직축과 수평축이 교차한다. 수직축은 하나님과의 관계이고, 수평축은 사람과의 관계다. 그러므로 칭찬받는 교회는 하나님께만 칭찬받는 것이 아니라 사람들에게도 칭찬받는 교회가 되어야 한다. 그렇게 될 때 온전한 빛과 소금의 사명을 감당할 수 있다. 초대교회의 가장 큰 특징은 온 백성에게 칭송을 받았다는 것이다. 믿는 사람은 물론 믿지 않는 사람들에게도 칭찬을 받았다.

오늘날 한국교회의 가장 큰 문제점은 교회가 세상을 걱정하는 것이 아니라 세상이 교회를 걱정하는 지경에 이르렀다는 것이다. 이제부터라도 교회가 본연의 사명을 자각하고 세상의 빛과 소금으로서의 사명을 감당해야 한다.

그러기 위해서는 무엇보다도 지역 사회를 더 잘 섬겨야 한다. 예수님이 이 땅에 오신 목적도 섬기기 위해서 오셨다고 했다. "인자가 온 것은 섬김을 받으려 함이 아니라 도리어 섬기려 하고 자기 목숨을 많은 사람의 대속물로 주려 함이니라"(막 10:45). 오늘 우리 휘돌교회는 예수님의 마음을 품고 우리가 속한 면목동 중랑구 지역을 잘 섬기는 교회가 되어야 한다. 지역주민들을 위한 '쌀구제봉사(1년에 6차례)'를 계속해서 시행해야 한다. 코로나로 중단된 '목요이웃무료급식'도 곧 다시 재계해야 할 것이다. '이웃무료급식' 봉사는 여전도회별로 당번을 정해서 부모님을 섬기는 마음으로 지역의 어르신들을 극진히 대접하고 있다. 그리고 긍휼사역팀은 매월 한 번씩 교회에 나오지 못하는 어르신들을 위해 밑반찬과 김치를 담가서 집에 찾아가 드리는 봉사를 실시하고 있다. 긍휼사역은 코로나 기간에도 계속 실시하고 있다. 아울러 매주 1회씩 빨래방을 운영하여 거동이 불편한 어르신들의 빨래를 대신해주고, 집안도 청소해주는 사랑의 섬김도 더 확대해나가야 할 것이다. 뿐만 아니라 지역의 소년·소녀 가장들을 위한 장학금 지원사업도 계속되어야 한다. 우리 흰돌교회는 반드시 지역사회와 함께 호흡하는 교회가 되어야 한다. 우리 흰돌교회가 지역사회에 꼭 필요한 교회라는 신뢰를 심어줄 때 복음 전도의 문도 활짝 열리게 될 것이다. 앞으로도 예수의 마음을 품고 지역사회를 향한 봉사와 섬김을 이름 없이, 빛도 없이 계속 감당해나가고자 한다.

Part.3

오철훈 목사의 흰돌교회 설교

— 흰돌교회에서 말씀을 선포하다

"하나님의 말씀은 살아 있고 활력이 있어 좌우에 날 선 어떤 검보다도 예리하여 혼과 영과 및 관절과 골수를 찔러 쪼개기까지 하며 또 마음의 생각과 뜻을 판단하나니"(히 4:12).

▎언제나 느끼는 것이지만 우리 흰돌교회 성도님들의 마음 밭은 옥토와 같아서 말씀을 아멘으로 잘 받아들
여주시니 강단에서 설교할 때마다 설교자인 내가 더 큰 은혜를 받고 있다.(2023년 2월 주일예배설교)

역전의 명수

◇◇◇◇◇◇◇

"한밤중에 바울과 실라가 기도하고 하나님을 찬송하매 죄수들이 듣더라. 이에 갑자기 큰 지진이 나서 옥터가 움직이고 문이 곧 다 열리며 모든 사람의 매인 것이 다 벗어진지라. 간수가 자다가 깨어 옥문들이 열린 것을 보고 죄수들이 도망한 줄 생각하고 칼을 빼어 자결하려 하거늘. 바울이 크게 소리 질러 이르되 네 몸을 상하지 말라 우리가 다 여기 있노라 하니. 간수가 등불을 달라고 하며 뛰어들어가 무서워 떨며 바울과 실라 앞에 엎드리고. 그들을 데리고 나가 이르되 선생들이여 내가 어떻게 하여야 구원을 받으리이까 하거늘. 이르되 주 예수를 믿으라 그리하면 너와 네 집이 구원을 받으리라 하고. 주의 말씀을 그 사람과 그 집에 있는 모든 사람에게 전하더라. 그 밤 그 시각에 간수가 그들을 데려다가 그 맞은 자리를 씻어 주고 자기와 그 온 가족이 다 세례를 받은 후. 그들을 데리고 자기 집에 올라가서 음식을 차려 주고 그와 온 집안이 하나님을 믿으므로 크게 기뻐하니라"(행 16:25-34).

할렐루야! 오늘도 복된 날입니다. 하나님의 크신 축복이 여러분의 가정과 생업 가운데 충만하시기를 축복합니다. 귀한 흰돌교회 강단에 서게 하신 하나님께 감사영광 돌립니다. 귀한 흰돌교회 성도님들을 만나게 하심도 감사, 감사드립니다. 먼저 제가 기도하고 말씀을 전하겠습니다.

사랑과 자비가 풍성하신 하나님 아버지 은혜를 감사드립니다. 오늘도 거룩한 주일을 허락하시고 주님의 몸 된 교회에 나와서 경배하게 하심을 감사드립니다. 이 시간 부족한 종을 단 위에 세워주셨사오니 사람의 모습은 감추어주시옵고, 하나님의 말씀만 드러나게 하옵소서! 성령께서 시종을 주관하여 주시옵소서! 감사하오며 예수님의 이름으로 기도하옵나이다. 아멘.

할렐루야! 옆 사람과 활짝 웃으며 인사하시기 바랍니다. "주님의 사랑으로 사랑합니다", "주님의 사랑으로 축복합니다".

저는 축구경기를 참 좋아합니다. 축구를 하는 것도 좋아하고, 또한 보는 것도 좋아합니다. 그런데 지금까지 본 축구경기 중에서 가장 인상 깊었던 경기는 우리나라가 지고 있다가 역전승으로 이겼던 경기였습니다. 가장 기억에 남는 경기가 무슨 경기입니까? 1997년에 있었던 한일전이었는데 우리는 이 경기를 도쿄대첩이라고 부릅니다. 한산도대첩 이후 최고의 승전보였습니다. 1998년 프랑스 월드컵 아시아 지역예선에서 한국이 일본에 0대 1로 지고 있다가 서정원, 이민성 선수가 연달아 두 골을 넣어서 2대 1로 역전승을 거두었던 경기였습니다. 일본의 심장부에서 이겼으니 얼마나 통쾌하였습니까? 그냥 쉽게 승리하는 기쁨보다 지고 있다가 막판에 역전승을 거두게 될 때 그 기쁨은 훨씬 더 크게 됩니다.

화목의 목회

또 한 번의 역전승 경기가 있습니다. 권투 경기인데 1977년도에 홍수환 선수가 카라스키야 선수에게 4번 다운된 다음에 다시 일어나서 KO승을 거둔 경기였습니다. 4전 5기의 신화로 지금까지 유명합니다. 그때 그 경기를 지켜본 모든 국민들이 얼마나 기뻐했습니까? 아무도 그렇게 승리하리라고 예상치 못했습니다. 그 당시 TBC 방송국(동양방송)에서 그날 하루 동안 27번이나 재방송을 해주었습니다. 그래도 누구 하나 불평하는 사람 없었습니다. 보고 또 보아도 감동적이었습니다.

야구경기에서 역전의 명수는 군산상고가 유명합니다. 1972년도에 황금사자기 결승전에서 부산고등학교와 대결했는데 1대 4로 지고 있다가 9회 말에 5대 4로 역전승을 거둔 것입니다. 그래서 '야구는 9회 말 투아웃부터'라는 말이 유행하게 되었습니다.

그런데 운동경기에만 역전승이 있는 것이 아닙니다. 우리 하나님도 역전의 명수이십니다. 특별히 오늘 본문에서 사도바울이 빌립보 감옥에서 체험했던 하나님은 바로 역전의 명수이신 하나님이셨습니다. 사도바울과 실라는 복음을 전하다가 억울하게 매를 맞고 감옥에 갇혀 있었지만 하나님의 역사로 말미암아 감옥 문이 열리고, 매인 것이 다 풀리는 기적을 체험하게 되었습니다. 무엇보다 완악한 간수까지 회개하여 구원받는 놀라운 역전승을 경험하였던 것입니다. 오늘 본문을 중심으로 역전의 명수이신 하나님을 만나시기 바랍니다.

첫째, 기도할 때 역전의 명수이신 하나님을 만날 수 있습니다. 사도행전 16장 25절부터 26절을 봉독합니다. "한밤중에 바울과 실라가 기도하고 하나님을 찬송하매 죄수들이 듣더라. 이에 갑자기 큰 지진이 나서 옥터가 움직이고 문이 곧 다 열리며 모든 사람의 매인 것이 다 벗어진지라".

바울과 실라는 빌립보에서 귀신들린 여종의 병을 고쳐주었습니다. 그러나 그들에게 돌아온 것은 칭찬이 아니라 오히려 모함과 채찍과 어두운 감옥이었습니다. 그 어두운 감옥 속에서 얼마나 맞은 자리가 쓰라리고 아팠을까요? 아마 저 같으면 하나님께 항의하고 원망했을 것입니다.

그러나 바울과 실라는 자기를 모함하고 때렸던 사람을 바라보지 않고 오직 하나님만 바라보면서 기도하였습니다. 사람을 상대로 씨름한 것이 아니라 하나님을 상대로 씨름하였던 것입니다. 자신의 형편을 바라보고 절망하고 낙망한 것이 아니라 오직 구원의 하나님을 바라보면서 기도하였던 것입니다. "나의 영혼아 잠잠히 하나님만 바라라 무릇 나의 소망이 그로부터 나오는 도다"(시 62:5).

사랑하는 성도 여러분! 사람을 바라보면 실망합니다. 환경을 바라보면 낙망합니다. 자신을 바라보면 절망합니다. 그러나 역사의 주관자이신 하나님을 바라볼 때 소망이 생깁니다. 믿으시기 바랍니다. 잠잠히 하나님을 바라볼 때 불안하던 마음에 평안을 얻게 되고,

화목의 목회

걱정근심으로 가득 찼던 얼굴이 환하게 빛나게 될 줄 믿습니다.

오늘 우리도 인생의 벼랑 끝에 처해 있을 때 오직 하나님만 바라보시기 바랍니다. 하나님께서는 벼랑 끝에서 홀연히 역사하셔서 날개를 달아주시는 분이십니다. 한번 따라 합니다. "『벼랑 끝에서 웃게 하시는 하나님의 은혜』". 제가 최근에 읽은 책의 제목입니다. 하나님은 언제나 벼랑 끝에서 역전승을 경험하게 하십니다. 성경에 모든 인물들은 다 벼랑 끝을 경험한 사람들이었습니다. 아브라함을 보세요. 요셉을 보세요. 모세를 보세요. 다윗을 보세요. 다니엘을 보세요. 에스더와 한나를 보세요! 모두가 벼랑 끝에서 하나님을 만났던 인물들입니다.

오늘 여기 앉아계신 우리 성도님들 한 분 한 분도 벼랑 끝에서 하나님을 만나신 줄로 믿습니다. 순탄한 길을 걸어갈 때는 자기 잘난 맛에 삽니다. 그러나 인생의 벼랑 끝에 섰을 때 비로소 겸손해지고 절박하게 하나님을 찾게 되고, 하나님만을 바라보고 하나님만 의지하게 되는 것입니다.

사랑하는 성도 여러분! 오늘 우리가 벼랑 끝과 같은 어려운 순간을 만났다면, 본문 25절 말씀을 꼭 붙잡으시기 바랍니다. 그다음 26절의 역사는 하나님께서 하실 일이고, 내가 해야 할 일은 25절의 말씀대로 오직 기도하는 일입니다. 우리가 어려운 일을 만났을 때 사람을 붙잡고 상담해도 속이 후련할 때가 있지 않습니까? 하물며 전능하신 하나님께 우리가 가지고 있는 모든 문제를 다 고하고 기도하면 얼마나 후련하겠습니까? 비교할 수도 없는 평안과 기쁨을 주십니다.

25절을 다시 봉독합니다. "한밤중에 바울과 실라가 기도하고 하나님을 찬송하매 죄수들이 듣더라" 벼랑 끝에서 우리가 해야 할 일은 하나님을 바라보며 기도하는 일입니다. "아무것도 염려하지 말고 다만 모든 일에 기도와 간구로 너희 구할 것을 감사함으로 하나님께 아뢰라. 그리하면 모든 지각에 뛰어난 하나님의 평강이 그리스도 예수 안에서 너희 마음과 생각을 지키시리라"(빌 4:6-7). 염려 대신에 기도할 때 하나님의 놀라운 평강의 응답을 주실 줄 믿습니다.

때가 되면 하나님께서 반드시 역사하십니다. 특별히 오늘 본문에서 주목해야 할 단어가 있습니다. 하나님은 '갑자기' 역사하십니다. 그래서 우리 인생의 모든 어려움을 갑자기 다 해결하십니다. '갑자기'는 영어로 'suddenly'입니다. 하나님께서 갑작스럽게 기적을 베풀어주셨습니다. 큰 지진이 일어나고 감옥 문이 열리고 매인 쇠사슬과 착고가 다 벗겨진 것입니다. 이것이 하나님의 놀라운 기적의 역사였습니다. 사랑하는 여러분! 기적은 하나님이 일으키실 일이고, 나는 묵묵히 하나님을 바라보면서 기도하면 될 줄 믿습니다. 기도하고, 기대하고, 기다립시다.

둘째, 한 영혼에 대한 뜨거운 사랑이 간수의 영혼을 구원하였습니다. 27절부터 28절을 봉독합니다. "간수가 자다가 깨어 옥문들이 열린 것을 보고 죄수들이 도망한 줄 생각하고 칼을 빼어 자결하려 하거늘. 바울이 크게 소리 질러 이르되 네 몸을 상하지 말라 우리가 다 여기 있노라 하니". 기도와 찬송 부를 때 홀연히 하나님이 역사하셔서서 큰 지진이 나 옥문이 다 열리고 모든 매여진 것이 다 벗어지는 기적이 일어났습니다. 저 같으면 '할렐루야!' 하고 '하나님 감사합니다. 제 기도에 응답해주셨군요' 하면서 도망갔을 것입니다.

그러나 바울과 실라는 도망가지 않았습니다. 왜 그럴까요? 목숨보다 더 소중한 사명이 있었기 때문입니다. 바로 영혼 구원의 사명이 있었기 때문입니다. 생명보다 소중한 것은 사명입니다. 우리 인간은 모두가 사명적 존재입니다. 살아있는 모든 생명체는 사명이 있습니다. 특별히 예수님께서 마지막으로 우리 모두에게 맡겨주신 사명이 무엇입니까? "그러므로 너희는 가서 모든 민족을 제자로 삼아 아버지와 아들과 성령의 이름으로 세례를 베풀고. 내가 너희에게 분부한 모든 것을 가르쳐 지키게 하라 볼지어다 내가 세상 끝날까지 너희와 항상 함께 있으리라 하시니라"(마 28:19-20). 주님이 우리에게 명령하신 지상명령입니다.

우리 교회의 가장 큰 사명은 바로 영혼구원의 사명입니다. 우리 성도들 한 사람 한 사람은 먹든지 마시든지 무엇을 하든지 영혼을 구원하는 사명감에 불타올라야 합니다. 직장생활을 하면서도 영혼

구원의 사명을 잊지 말아야 합니다. 사회생활을 하면서도 사업을 하면서도 영혼을 구원하기 위한 목적을 이루어야 합니다. 어떠한 직업에서 일하든지 영혼을 구하고 돌보는 일에 집중해야 합니다. 왜 그런가요? 한 영혼이 천하보다 귀하기 때문입니다.

사도바울에게는 언제나 영혼에 대한 뜨거운 사랑이 있었습니다. 자신을 때렸던 간수였지만 미워하고 증오하기보다는 오히려 그를 불쌍히 여기면서 복음을 전하려고 했던 것입니다. 영혼에 대한 뜨거운 사랑과 열정이 간수의 영혼을 구원하였던 것입니다. 당시에 죄수가 도망치게 되면 그 책임을 물어 간수가 큰 처벌을 받게 되는 것이 로마의 법이었습니다. 갑자기 지진이 나고 옥문이 열렸고 쇠사슬도 다 풀렸습니다. 간수는 '아이쿠, 이제 큰일 났구나. 죄수들이 다 도망갔구나!'라고 생각하고, 스스로 목숨을 끊으려고 했던 것입니다. 그때 사도바울은 "네 몸을 상하지 말라"고 외쳤습니다. 이 한 마디의 외침 속에 한 영혼에 대한 뜨거운 사랑이 담겨있습니다. 오늘 우리 성도님들도 사도바울과 같은 한 영혼에 대한 뜨거운 사랑을 회복하시기 바랍니다.

사랑하는 성도 여러분! 무엇이 진정한 기적입니까? 죽은 자가 살아나고 병자가 낫는 것만이 기적일까요? 홍해가 갈라지고 여리고의 장벽이 무너지는 것만이 기적이 아닙니다. 감옥 문이 열리고 매인 것이 풀린 것만이 기적이 아닙니다. 그보다 더 큰 기적은 그렇게도 완악하고 강퍅했던 간수의 마음 문이 열린 것입니다. "형제들아,

화목의 목회

우리가 어찌할꼬?"(행 2:37). 초대교회 당시 오순절 성령충만을 받았던 베드로가 말씀을 선포했을 때 마음 문을 활짝 열고 회개하였던 것이 기적입니다. 오늘 본문의 간수도 "선생들이여, 내가 어떻게 하여야 구원을 받으리이까?"(행 16:30) 하며 마음 문이 활짝 열린 것이 기적이 아니고 무엇이겠습니까?

그때 그 유명한 사도바울의 메시지가 전해지게 됩니다. "이르되 주 예수를 믿으라 그리하면 너와 네 집이 구원을 받으리라 하고"(행 16:31). 이 복음의 메시지를 듣고 간수는 예수를 영접하게 되었습니다. 천하보다 귀한 한 영혼이 주님께로 돌아오는 순간이었습니다.

이처럼 진실한 사랑은 모든 닫힌 문을 여는 능력이 있습니다. 우리 가족이나 친척 중에 아직도 예수를 믿지 않는 사람이 있다면 꼭 복음을 전하시기 바랍니다. 제가 지난번 추석 때 가족 모임을 가졌는데 과천교회 부목사로 사역하는 동생 목사님이 총동원주일 행사를 앞두고 있었는데 전도대상자 작정카드를 보고 좀 놀랐습니다. '지옥 가서는 안 될 사람 명단' 좀 섬뜩하지요. 과천교회가 참 전도를 많이 하는 교회로 유명한데 '한 영혼에 대한 이렇게 절박한 심정으로 전도하는구나'라는 생각을 하며 큰 도전을 받았습니다. 사랑하는 여러분! 오늘 우리도 한 영혼에 대한 절박한 심정을 가지고 천하보다 귀한 한 영혼을 사랑하며 전도할 수 있기를 바랍니다.

셋째, 예수님이 중심에 계신 곳은 언제나 화목한 공동체가 될 수

있습니다. 사도행전 16장 34절을 봉독합니다. "저희를 데리고 자기 집에 올라가서 음식을 차려주고 저와 온 집이 하나님을 믿었으므로 크게 기뻐하니라".

오늘 본문을 통해서 하나님은 역전의 명수이신 것을 다시금 알 수 있습니다. 맞은 자가 오히려 때린 자를 위로하고 있습니다. 피해 자가 가해자를 위로하고 있습니다. 핍박하던 자가 지지자로 완전히 바뀌었습니다. 대적하던 자가 봉사하는 자로 변화되었습니다. 그렇게 매를 들고 완악하게 때리던 자가 이제는 음식을 차려놓고 바울을 대접하는 사람으로 바뀌었던 것입니다. 한마디로 화목의 공동체가 되었습니다. 천국의 잔치가 지상에서 이루어졌습니다. 사랑하는 성도 여러분! 교회 부흥의 비결이 어디에 있습니까? 한경직 목사님은 교회 부흥을 묻는 말에 답하기를 "성도들끼리 싸우지 않고 화목하기만 하면 교회는 저절로 부흥하게 됩니다"라 말했다고 합니다. 너무나도 단순하고 쉬운 진리의 말씀 아닙니까? 그러나 그것이 결코 쉬운 일은 아닙니다. 예수님이 중심에 계실 때 화목을 이룰 수 있습니다.

유명한 설교가였던 크리소스톰은 오늘 본문을 주해하면서 간수와 사도바울 간에 상호적인 씻음이 나타났다고 했습니다. 간수와 그 가족들이 바울과 실라의 채찍 자국을 물로 봉사하며 씻어주었다면, 바울과 실라는 간수와 그의 가족들의 죄를 물로 씻어주었습니다. 즉, 죄 씻음의 세례를 베풀어주었습니다. 이것이 바로 천국의 모

화목의 목회

습입니다. 천국은 서로서로 섬기는 곳입니다. 예수님 섬기는 마음으로 서로서로 섬길 때 화목한 공동체, 기쁨이 충만한 공동체가 될줄 믿습니다.

이제 그곳은 더 이상 감옥이 아니었습니다. 감옥이 바뀌어서 천국이 되었습니다. 찬송가 438장 3절, '높은 산이 거친 들이 초막이나 궁궐이나 내 주 예수 모신 곳이 그 어디나 하늘나라'가 되었습니다. 함께 찬송해봅시다. "높은 산이 거친 들이 초막이나 궁궐이나 내 주 예수 모신 곳이 그 어디나 하늘나라 할렐루야 찬양하세 내모든 죄 사함받고 주 예수와 동행하니 그 어디나 하늘나라" 할렐루야!!

산이나 들판이나 초막이나 궁궐이나 예수님이 계신 곳이 하늘나라입니다. 감옥이 변하여 천국이 되었습니다. 슬픔이 변하여 기쁨으로 바뀌었습니다. 절망이 변하여 소망으로 바뀌었습니다. 탄식이변하여 찬송으로 바뀌었습니다. 불평이 변하여 감사로 바뀌었습니다. 예수를 구주로 영접하는 공동체는 원수도 친구로 변합니다. 대적자가 봉사자로 변합니다. 예수가 계신 곳은 그 어디나 하나님 나라입니다.

말씀을 맺겠습니다. 어떻게 굳게 잠긴 감옥의 문이 열렸습니까? 어떻게 착고와 쇠사슬이 벗어졌습니까? 어떻게 강퍅한 간수의 마음의 문이 열렸습니까? 어떻게 대적자가 봉사자로 바뀌고 화목한 천국 공동체를 이루게 되었습니까? 그 비결은 오직 한 가지, 기도밖에 없다는 것입니다. 오직 기도 외에는 이런 종류가 나갈 수 없다고 성경은 말씀합니다. 저는 목회를 하면서 예레미야 33장 3절의 말씀과 마태복음 7장 7절의 말씀을 기도에 관한 신구약 약속의 양대 말씀으로 붙잡고 오늘도 기도하고 있습니다. "너는 내게 부르짖으라 내가 네게 응답하겠고 네가 알지 못하는 크고 은밀한 일을 네게 보이리라"(렘 33:3). "구하라 주실 것이요 찾으라 찾아낼 것이요 문을 두드리라 열리리라"(마 7:7). 땅에서 하늘 문을 여는 비결은 기도밖에 없습니다. "진실로 너희에게 이르노니 무엇이든지 너희가 땅에서 매면 하늘에서도 매일 것이요 무엇이든지 땅에서 풀면 하늘에서도 풀리리라"(마 18:18). 얽히고설킨 모든 문제를 푸는 열쇠는 기도밖에 없습니다. 기도가 하나님의 역전승을 체험하는 비결입니다.

마음을 같이하여
기도에 힘쓰는 교회

◇◇◇◇◇◇◇◇

"제자들이 감람원이라 하는 산으로부터 예루살렘에 돌아오니 이 산은 예루살렘에서 가까워 안식일에 가기 알맞은 길이라. 들어가 그들이 유하는 다락방으로 올라가니 베드로, 요한, 야고보, 안드레와 빌립, 도마와 바돌로매, 마태와 및 알패오의 아들 야고보, 셀롯인 시몬, 야고보의 아들 유다가 다 거기 있어. 여자들과 예수의 어머니 마리아와 예수의 아우들과 더불어 마음을 같이하여 오로지 기도에 힘쓰더라"(행 1:12-14).

할렐루야! 오늘도 복된 날입니다. 하나님의 크신 축복이 여러분의 가정과 생업 가운데 충만하시기를 축복합니다. 옆 사람 보시면서 인사합니다. "새해 복 많이 받으세요!" 활짝 웃으시면서 한 번 더 인사합니다. "새해 복 많이 누리세요!" 신앙생활에서 은혜를 받는 것보다 은혜를 유지하는 것이 더 중요하고, 축복도 받는 것보다 누리는 것이 더 중요합니다. 어떻게 하는 것이 누리며 사는 것입니까? 새해에는 부정적인 생각과 부정적인 말은 십자가에 다 못 박고, 긍정적인 생각과 긍정적인 말로 가득 채우시기를 축원드립니다. '안된다'는 말은 다 십자가에 못 박읍시다. 이제부터는 "할 수 있다", "내게 능력 주시는 자 안에서 내가 모든 것을 할 수 있느니라"(빌

4:13). 선포하고 힘차게 달려가시기 바랍니다.

　부족한 종이 흰돌교회의 담임목사로 청빙받게 되면서 참 걱정이 많았습니다. 잠이 오지 않아요. 이 어린 종이 어찌 이 큰 교회를 잘 감당할 수 있을까? 어떻게 흰돌교회 목회 사역을 잘 감당할 수 있을까? 그래서 선배 목사님들을 찾아뵙고 귀한 조언도 들었습니다. 큰 도움이 되었습니다. 그러나 목회 구상을 깊이 하면 할수록 염려가 더 커졌습니다. 결국 내 힘으로는 할 수 없음을 솔직히 고백할 수밖에 없었습니다. 흰돌교회로 오게 하신 분도 하나님이시기 때문에, 결국 제가 의지하고 물어볼 분도 그분밖에 없었습니다.

　그래서, 하나님께 여쭈어보았습니다. "하나님, 어떻게 하면 되겠나요?". 그랬더니 하나님께서 "아무것도 염려하지 말고, 너는 무조건 화목하게 하고, 무조건 엎드려 기도만 많이 해라. 그다음 일은 내가 알아서 하겠다"라고 말씀하셨습니다. 할렐루야! 그리고 응답으로 주신 말씀이 바로 사도행전 1장 14절의 말씀이었습니다. 같이 한번 읽어보실까요? "여자들과 예수의 어머니 마리아와 예수의 아우들과 더불어 마음을 같이하여 오로지 기도에 힘쓰더라". 2007년 우리 흰돌교회의 표어는 '마음을 같이하여 기도에 힘쓰는 교회'입니다. 강단 전면에 나온 글귀를 쳐다보시면서 한번 힘차게 따라 해보세요. '마음을 같이하여 기도에 힘쓰는 교회'.

　2007년 우리 흰돌교회의 키워드를 두 단어로 요약하면 무엇무엇입니까? 예, 바로 화목과 기도입니다. 성도 간에 화목이 우선이고, 화목한 가운데 성도들이 합심하여 기도하면 된다는 것입니다. 그다음의 일은 하나님이 하실 일입니다. 우리가 할 일과 하나님이 하실 일을 잘 구분해야 할 줄 믿습니다. 부흥은 하나님의 방문입니다. 하나님이 다녀가시는 것이 부흥입니다. 특별히 금년도는 1907년 평양대부흥운동이 일어난 지 100주년이 되는 뜻깊은 해입니다. 우리 흰돌교회는 다시금 하나님의 방문, 즉 부흥을 준비해야 합니다. 준비한 만큼 부흥을 체험할 것입니다.

첫째, 서로 마음을 같이하여 화목한 교회를 이루어야 합니다. 초대교회 공동체의 특징은 사도행전 2장에 잘 나타납니다. 사도행전 2장 42절에는 "서로 교제하고 떡을 떼며"라고 말씀하고 있습니다. 사도행전 2장 46절에는 "마음을 같이하여"라고 되어있습니다. 성도 간의 교제가 충만할 때 부흥이 일어납니다. 초대교회 공동체는 사랑이 충만하였습니다. 성도 간에 떡을 떼며 교제하는 것이 너무나도 좋았습니다. 우리 한국의 초대교회도 너무나도 교제가 좋았습니다.

경남 함안의 칠원교회 손종일 장로님도 예수를 믿게 된 동기가 주일날 지게 지고 교회 앞을 지나가다가 교인들끼리 오순도순 모여서 식사하는 모습이 너무 부러워서 '나도 교회 나가야지!' 했다가 예수님을 만나 구원받고 나중에는 장로님까지 되었던 것입니다. 그 후손이 바로 사랑의 원자탄으로 유명한 순교자 손양원 목사님입니다. 우리는 선배신앙인들의 좋은 전통을 잘 이어나가야 합니다.

갈라디아서 6장 10절을 보세요! "그러므로 우리는 기회 있는 대로 모든 이에게 착한 일을 하되 더욱 믿음의 가정들에게 할지니라". 여기에서 '더욱'이란 말은 헬라어로는 '말리스타', 즉 믿음의 가정들에 최고로 잘해야 한다는 것입니다. 우리는 믿지 않는 가정들에는 잘하는데, 믿는 가정들에 소홀할 때가 있습니다. 그러나 전도의 비결은 믿는 자들끼리 최고로 잘 대접하는 것입니다. 기회가 있을 때 잘해야 합니다. "있을 때 잘혀 그러니까 잘혀!" 이것이 유행가 가사인데 그 내용은 복음의 핵심 메시지인 줄 믿으시기 바랍니다. 옆 사람을 보시면서 서로 격려합시다. "있을 때 잘합시다".

남편이나 아내나 있을 때 잘해야 합니다. 부모님도 살아계실 때 잘해드려야 합니다. 우리 교인들끼리도 있을 때 잘해야 합니다. 나중에 천국 가면 흰돌교회 성도로서 다 만나게 될 텐데 그때 서로 서먹서먹하면 안 됩니다. 오래전에 주일학교 반사할 때 불렀던 복음송이 생각납니다. "이다음에 예수님을 만나면 우리 뭐라 말할까 그때에는 부끄러움 없어야지 우리 서로 사랑해 하나님이 가르쳐 준 한 가지 네 이웃을 네 몸과 같이 할렐루야 미움 다툼 시기 질투 버리고 우리 서로 사랑해". 기회가 있을 때 믿음의 사람들끼리 서로 화목하고 사랑합시다.

데살로니가전서 5장 13절 말씀을 보세요. "그들의 역사로 말미

화목의 목회

암아 사랑 안에서 가장 귀히 여기며 너희끼리 화목하라". 믿는 사람들끼리 먼저 화목하라고 말씀하십니다. 제가 목회하면서 제일 존경하는 영락교회 고 한경직 원로목사님은 누군가 교회 부흥의 비결을 물을 때마다 "교인들끼리 싸우지 않고 화목하기만 하면 저절로 교회는 부흥됩니다"라고 말했습니다. 교회에서 화목이 최고입니다. 한경직 목사님이 자주 쓰시는 말씀 중에 "일리가 있습니다"라는 말이 있습니다. 저는 젊은 목사로서 이 말씀을 별로 좋아하지 않았습니다. 그러나 화목이 너무나도 중요하기 때문에 어떠한 사람이 어떠한 말씀을 해도 일단 다 들으시고 "일리가 있습니다" 하니 서로 분쟁이 일어나지 않는다는 것입니다. 한경직 목사님은 지나치리만큼 화목에 강조점을 둔 목회를 추구했던 것입니다.

그런데 이러한 화목이 인간적인 교제와 친교만으로 되는 것은 아닙니다. 우리 교회는 라이온스 클럽이나 로터리 클럽이 아닙니다. 단순히 식사하고 교제한다고 친교가 다 되는 것은 아닙니다. 예수님을 마음 중심에 모시지 않으면 화목은 깨어질 수밖에 없습니다. 우리 교회의 중심에는 예수님이 계십니다. 성경 공부의 중심에도 예수님이 계십니다. 그래서 그리스도 중심적 성경해석이 가장 좋은 성경해석 방법인 것입니다. 성경에서 발견해야 할 분은 예수님입니다. 설교의 핵심도 예수님입니다. 그래서 어느 설교학자가 설교를 정의하기를 "예수님께서 회중 사이를 지나가시는 것이 설교"라고 했던 것입니다. 예수님께서 말씀 중에 강림하셔서 상처 입은 심령들을 어루만지는 것이 바로 설교시간인 줄 믿습니다.

안디옥 교인들이 최초로 그리스도인이라는 칭호를 얻었습니다. 그런데 오늘 현대 그리스도인들의 모습은 어떠합니까? 그리스도인에서 그리스도가 빠지고 나면 무엇이 남습니까? '사람 人' 자밖에 남지 않습니다. 우리는 죄 많고 타락한 인간입니다. 그런데 교회에서 예수님이 빠지고 사람들만 모인다면 남는 것은 죄인의 모습밖에 없습니다. 그러므로 우리 흰돌교회는 항상 중심에 예수님을 모시고 화목한 교회가 되어야 할 줄 믿습니다.

둘째, 합심하여 기도하는 교회가 되어야 합니다. 마가의 다락방에 120여 명의 성도가 모여서 합심하여 기도할 때 오순절 성령충만을 받고 대부흥을 경험하게 되었습니다. 오늘 우리 흰돌교회도 모이면 기도하고, 흩어지면 전도하는 교회가 되어야 합니다. 우리 힘만으로 화목이 이루어지기 어렵습니다. 그럴 때 어떻게 해야 합니까? 기도하면 됩니다. 우리가 할 수 없는 일은 기도로 하나님께 맡기면 됩니다. 우리는 화목에 힘쓰고, 우리가 못하는 일들은 다 기도로 하나님께 맡기면 됩니다.

세계적인 부흥 전도자였던 빌리 그래함 목사는 "기도는 아침의 열쇠요 저녁의 자물쇠"라고 말했습니다. 하루를 시작할 때 기도로 시작하고 하루를 마칠 때 기도로 마치시기 바랍니다. 낙타는 날이 저물면 짐을 내리기 위하여 무릎을 꿇습니다. 그리고 다음 날 아침에 날이 밝으면 다시 짐을 지기 위하여 또 무릎을 꿇는다고 합니다. 우리 성도들도 하루의 일과를 시작하기 앞서서 먼저 무릎을 꿇고

화목의 목회

기도하고 시작하고, 하루의 일과를 마칠 때도 무릎을 꿇고 기도함으로 마치시기 바랍니다.

금년 2007년도는 평양대부흥운동이 일어난 지 100주년이 되는 뜻깊은 해입니다. 이러한 때 우리 교회는 어떠한 해보다 기도에 집중해야 합니다. 새해에는 새벽을 깨우고 기도의 자리로 나오시기 바랍니다. 우리 한국교회의 가장 큰 강점은 바로 새벽기도에 있습니다. 한국교회 새벽기도는 길선주 목사님에 의해 1906년 평양장대현교회에서 처음 시작되었습니다. 하루의 성패는 새벽기도에 달려있습니다. 일일지계(一日之計)는 재어인(在於寅)이라고 했습니다. 하루의 계획은 인시(3~5시), 즉 새벽에 달려있다는 뜻입니다. 새벽을 잘 활용하는 사람은 반드시 성공할 줄 믿습니다.

『아침형 인간』이라는 책을 쓴 일본인 의사 '사이쇼 히로시'라는 분이 있습니다. 이 책을 보면 아침에 일찍 일어나면 세 가지 이득을 보는데 하나는 건강해지고, 둘은 부유해지고, 셋은 현명해진다는 것입니다. 특히 인상 깊었던 문구는 아침의 1시간은 낮의 3시간 효과가 있다는 것입니다. 이 책이 베스트셀러가 되면서 우리 사회는 웰빙 붐을 타고 '아침형 인간 신드롬'이 일어나기도 했습니다.

그러나 이미 3,000년 전 성경에 아침형 인간의 모델이 나옵니다. 다윗을 보세요. "여호와여 아침에 주께서 나의 소리를 들으시리니 아침에 내가 주께 기도하고 바라리이다"(시 5:3). 다윗은 아침형 인간의 모델입니다. 뿐만 아니라 고라자손의 시를 보세요. "새벽에 하나님이 도우시리로다"(시 46:5). 실제로 성경에 나타난 기적은 새벽에 다 일어났습니다. 모세가 홍해를 가르고 애굽 군대를 물리친 사건도 새벽에 일어났습니다(출 14:24). 여호수아가 여리고 성을 무너뜨린 사건도 새벽에 일어났습니다(수 6:15). 암몬 족속을 물리쳐 승리할 때도 바로 새벽이었습니다(삼상 11:11). 무엇보다도 예수님도 새벽 미명에 일찍 일어나 한적한 곳에서 기도하시고 하루를 시작하셨습니다(막 1:35). 오늘 우리도 새해를 열면서 새벽을 깨우고 하루를 시작하시기 바랍니다. 새해에는 아침형 인간이 됩시다. 새벽에 하나님이 기적을 베푸십니다.

그리고 심야기도회의 뜨거운 부흥을 경험해야 합니다. "너는 내게 부르짖으라 내가 네게 응답하겠고 네가 알지 못하는 크고 은밀한 일을 네게 보이리라"(렘 33:3). "구하라 주실 것이요 찾으라 찾아낼 것이요 문을 두드리라 열리리라"(마 7:7). 신·구약성경에서 대표적인 기도의 약속 말씀을 붙잡고 함께 부르짖고 기도할 때 반드시 응답을 받게 될 줄 믿습니다. 그런데 기도는 혼자 기도하는 것보다 함께 기도할 때 더 큰 능력이 나타납니다. "진실로 너희에게 이르노니 무엇이든지 너희가 땅에서 매면 하늘에서도 매일 것이요 무엇이든지 땅에서 풀면 하늘에서도 풀리리라. 진실로 다시 너희에게 이르노니 너희 중의 두 사람이 땅에서 합심하여 무엇이든지 구하면 하늘에 계신 내 아버지께서 그들을 위하여 이루게 하시리라"(마 18:18-19). 합심기도의 위력이 얼마나 대단합니까? 두 사람만 마음을 합해서 기도해도 모든 문제가 다 해결된다고 약속하고 있습니다. 그런데 초대교회 120 문도가 함께 모여서 마가의 다락방에서 기도했을 때 얼마나 놀라운 기적이 일어났습니까? 오순절 성령충만을 받았습니다. 그리고 그들이 예루살렘과 온 유대와 사마리아와 땅끝까지 이르러 예수님의 복음을 전파하는 증인으로 살게 되었던 것입니다.

오늘 우리도 주님만 의지하고 합심하여 기도하면 오순절의 성령 역사가 면목동 중랑구에도 나타날 줄 믿습니다. 부흥을 기대하시면 오늘부터 새벽을 깨우시기 바랍니다. 심야기도에 나와서 뜨겁게 부르짖고 기도하시기 바랍니다. 그다음 일은 하나님께서 하실 것입니다. 하나님께서 우리 교회에 방문하셔서 부흥을 선물로 주실 것입니다. 우리 흰돌교회가 한국교회 부흥의 시발점이 됩시다. 우리 흰돌교회에 와서 기도하기만 하면 모든 문제가 다 해결되는 기적을 체험합시다.

셋째, 세상으로부터 칭찬받는 교회가 되어야 합니다. 사도행전 2장 47절을 봉독합니다. "하나님을 찬미하며 또 온 백성에게 칭송을 받으니 주께서 구원받는 사람을 날마다 더하게 하시니라". 우리 교회는 좋은 소문이 많이 나야 합니다. "흰돌교회는 화목한 교회다", "흰돌교회는 기도가 뜨거운 교회다". 이런 소문이 수 만장의 전도지보다 더 중요한 줄 믿습니다. "주의 말씀이 너희에게로부터 마게도냐와 아가야에만 들릴 뿐 아니라 하나님을 향하는 너희 믿음의 소문이 각처에 퍼졌으므로 우리는 아무 말도 할 것이 없노라"(살전 1:8). 데살로니가교회도 믿음의 역사와 사랑의 수고와 소망의 인내의 좋은 소문이 사방으로 두루 퍼져갔던 것입니다. 이것이 얼마나 중요합니까? 우리 흰돌교회도 좋은 소문이 많이 퍼져나가야 할 줄 믿습니다.

그런데 참 소문은 빠른 것 같습니다. 발 없는 말이 천 리를 간다는 속담처럼 교회의 소문은 특히 더 빠릅니다. 어떤 교회에 어떤 일이 일어났다는 소문이 얼마나 빠른지 놀랍습니다. 그런데 대개 좋은 소문보다 나쁜 소문이 더 빠릅니다. 이것이 우리 인간의 본성인 것 같습니다. 그러나 이제부터 우리 교회는 나쁜 소문은 십자가에다 못 박고, 좋은 소문만 사방에 전파할 수 있기를 바랍니다. 그러기 위해서는 우리 교우들이 먼저 좋은 소문을 많이 내야 합니다. 자기 교회를 우리가 칭찬하지 않으면 누가 칭찬해주겠습니까? 내가 나 자신을 사랑하지 않는데 어떻게 다른 사람을 사랑할 수 있겠습니까? 그래서 예수님도 이웃을 네 몸과 같이 사랑하라고 하신 것입니다. 우리 자신을 먼저 사랑할 수 있을 때 다른 사람도 사랑할 수 있다는 것입니다.

마찬가지로 우리 교회를 우리가 먼저 사랑하고 자랑할 때, 다른 사람들도 우리 교회를 사랑하고 자랑하게 될 줄 믿습니다. 우리 장로님들을 자랑하세요! 우리 안수집사님들을 자랑하세요! 우리 권사님들을 자랑하세요! 우리 집사님들을 자랑하세요! 우리 성도님

화목의 목회

들을 자랑하세요! 그리고 우리 교역자들을 자랑하세요! 우리 직원들을 자랑하세요! 그리고 마지막으로 저도 좀 자랑해주시면 감사하겠습니다. 왜 그럴까요? 전도는 자랑이기 때문입니다. 한번 따라 합시다. "전도는 자랑이다".

초대교회의 가장 큰 장점은 성령충만하여 이적과 기사가 많이 나타났던 점과 더불어 "온 백성에게 칭송을 받았다"는 점입니다. 사도행전 2장 47절의 이 짧은 한 구절을 놓치면 안 됩니다. 신앙과 생활의 균형을 잡아야 합니다. 우리 한국의 초대교회도 마찬가지였습니다. 초창기 한국교회는 사회의 신뢰를 얻었습니다. 1919년 3·1 운동 당시 민족 대표 지도자 33인 중에 16인이 크리스천이었습니다. 당시 교회는 많은 민족의 지도자들을 배출하였습니다. 교회가 희망이었습니다. 그러나 지금은 어떻습니까? 오히려 사회의 존경과 사랑을 받기보다는 지탄을 받고 있지 않습니까?

이제라도 우리는 사회의 신뢰를 회복해야 할 때입니다. 우리는 천국 시민권자답게 긍지와 자부심을 가지고 온 세상 사람들을 이끌어주어야 할 사명이 있습니다. 천국 시민의 홍보대사로서 사명을 감당해야 합니다. 조금 손해를 보더라도 이미지 메이킹을 잘하시기 바랍니다. 만약 주일날 택시를 타고 오실 때 흰돌교회 앞으로 가자고 했다면 잔돈 100원, 200원은 그냥 받지 마시기 바랍니다. 기사가 돌아서면서 '야! 역시 예수 믿는 사람들은 뭔가 다르네' 하면 얼마나 좋습니까! 우리는 천국 시민권자로서의 긍지와 자부심을 훼손하는 일을 절대 해서는 안 됩니다.

2007년도 희망찬 새해가 열렸습니다. 성경에서 다음과 같이 말씀하셨습니다. "이전 것은 지나갔으니 보라 새것이 되었다"(고후 5:17). 이제는 화목하고 기도하는 일에 전심전력을 다 합시다. 나머지 부흥은 우리가 할 일이 아니고, 하나님이 이루어주실 것입니다. 저는 화목하는 일에 최선을 다하겠습니다. 여러분도 화목을 최우선으로 도모해주시기 바랍니다. 아울러 우리가 화목하기 어려울 때는 하나님께 맡기고 기도하면 될 줄 믿습니다. 반드시 하나님께서 우리 교회를 방문해주실 것입니다. 부흥은 하나님의 방문입니다. 하나님의 심방입니다. 새해에는 하나님의 심방을 받으시고, 하나님의 터치를 경험하시기 바랍니다.

제가 흰돌교회에 와보니 흰돌은 없고, 양 떼들이 참 많아요. 목자와 양 그림들이 곳곳마다 많이 붙어 있어요. 특히 2층 복도를 나오다 보면 양들의 눈동자가 항상 저를 쳐다보며 무슨 말을 하는 것 같은 느낌이 들 때가 있어요. 저는 그 순간 잠언 27장 23절 말씀이 떠올랐습니다. "네 양 떼의 형편을 부지런히 살피며 소 떼에게 마음을 두라". 저는 흰돌교회에 부임해서 하나님의 엄중한 음성을 듣게 되었습니다. "너는 흰돌교회 담임목사로서 성도 한 사람 한 사람이 행복한 신앙생활을 할 수 있도록 잘 목양하여라. 그리고 첫째도 화목, 둘째도 화목, 셋째도 화목한 교회, 화목한 성도를 만들기 위하여 쉬지 말고 기도하여라. 그다음의 부흥은 내가 이루어주겠노라".

화목의 목회

좋은 소문이 나는 교회

◇◇◇◇◇◇

"바울과 실루아노와 디모데는 하나님 아버지와 주 예수 그리스도 안에 있는 데살로니가인의 교회에 편지하노니 은혜와 평강이 너희에 게 있을지어다. 우리가 너희 모두로 말미암아 항상 하나님께 감사하 며 기도할 때에 너희를 기억함은. 너희의 믿음의 역사와 사랑의 수고 와 우리 주 예수 그리스도에 대한 소망의 인내를 우리 하나님 아버지 앞에서 끊임없이 기억함이니. 하나님의 사랑하심을 받은 형제들아 너 희를 택하심을 아노라. 이는 우리 복음이 너희에게 말로만 이른 것이 아니라 또한 능력과 성령과 큰 확신으로 된 것임이라 우리가 너희 가 운데서 너희를 위하여 어떤 사람이 된 것은 너희가 아는 바와 같으니 라. 또 너희는 많은 환난 가운데서 성령의 기쁨으로 말씀을 받아 우리 와 주를 본 받은 자가 되었으니. 그러므로 너희가 마게도냐와 아가야 에 있는 모든 믿는 자의 본이 되었느니라. 주의 말씀이 너희에게로부 터 마게도냐와 아가야에만 들릴 뿐 아니라 하나님을 향하는 너희 믿음 의 소문이 각처에 퍼졌으므로 우리는 아무 말도 할 것이 없노라"(살전 1:1-8).

할렐루야! 오늘도 복된 날입니다. 하나님의 크신 축복이 여러분 의 가정과 생업 가운데 넘치시기를 축복합니다. 먼저 데살로니가전서 1장 1절을 봉독합니다. "바울과 실루아노와 디모데는 하나님 아버지와 주 예수 그리스도 안에 있는 데살로니가인의 교회에 편지하노니 은혜와 평강이 너희에게 있을지어다". 발신자는 바울과 실라와 디모데입니다. 2차 전도여행 당시 동행했던 전도자들입니다. 수신자는 데살로니가교회의 성도들입니다. 데살로니가는 마게도냐 지방의 도시로서 지금의 그리스 북부지역입니다. 데살로니가교회는 사도바울이 2차 전도여행 당시에 마게도냐 지역에 도착해서 빌립보교회와 함께 설립한 교회입니다.

사도바울은 주후 52~53년에 제2차 전도여행 당시에 고린도에서 본 서신을 기록한 것으로 알려지고 있습니다. 사도바울은 문안 인사를 할 때 언제나 은혜와 평강을 빌고 있습니다. 은혜는 헬라식 인사로서 카리스이고, 평강은 히브리식 인사말로 샬롬입니다. 사도바울은 어디에 가든지 은혜와 평강의 인사말을 하고 있습니다. 오늘 우리도 은혜와 평강을 전하는 사람이 되시기 바랍니다.

오늘 우리도 사도바울을 본받아 인사를 잘합시다. 인사만 잘해도 먹고는 삽니다. 인사만 잘해도 교회가 부흥됩니다. 옆 사람에게 말해봅시다. "은혜와 평강이 충만하시기 바랍니다", "새해 복 많이 받으세요", "건강 충만하세요".

오늘 데살로니가교회는 복음의 능력이 충만한 교회였습니다. 데살로니가전서 1장 5절의 상반절을 봉독합니다. "이는 우리 복음이 너희에게 말로만 이른 것이 아니라 또한 능력과 성령과 큰 확신으로 된 것임이라". 복음은 말로만 하는 것이 아니라 능력이라는 것입니다. 오늘 이 시간 우리 흰돌교회도 복음의 능력이 충만하시기 바랍니다. 복음은 말로만이 아니라 그 자체가 능력입니다. 오늘 본문을 중심으로 좋은 소문이 나는 교회라는 제목으로 말씀을 묵상할 수 있기 바랍니다.

첫째, 데살로니가교회는 믿음과 사랑과 소망이 충만한 교회였습니다. 데살로니가전서 1장 2절부터 3절을 봉독합니다. "우리가 너희 모두로 말미암아 항상 하나님께 감사하며 기도할 때에 너희를 기억함은. 너희의 믿음의 역사와 사랑의 수고와 우리 주 예수 그리스도에 대한 소망의 인내를 우리 하나님 아버지 앞에서 끊임없이 기억함이니". 사도바울은 항상 데살로니가교회를 위하여 기도할 때마다 감사한 마음을 가졌습니다. 그 이유는 세 가지입니다. 데살로니가교회가 칭찬받는 교회가 되었던 것은 무엇 때문입니까?

첫 번째 이유로 믿음의 역사입니다. '믿음'은 내적인 측면이고, '역사'는 외적인 측면입니다. '역사'를 헬라어로 보면 '에르곤', 영어로는 'work'입니다. 즉, '일' 혹은 '사역'이라고 번역할 수 있습니다. 믿음과 일은 불가분의 관계입니다. 내면의 믿음은 반드시 외면의 삶으로 나타나게 되어있습니다. 바른 믿음은 반드시 삶으로 증명됩니다.

로마서의 핵심은 믿음으로 구원받는다고 말씀하지만, 야고보서에서는 행함 없는 믿음은 죽은 믿음이라고 말씀합니다. 처음에는 이 두 서신서가 모순되는 것처럼 보입니다. 그러나 로마서와 야고보서는 정반대가 아니라 서로 보완하는 관계라는 것입니다. 진실한 믿음은 반드시 행함으로 드러나게 되어있습니다. 믿음과 행함은 동전의 양면이고, 수레의 두 바퀴와 같습니다.

어떤 분은 믿음이 좋다고 하는데 실천력이 없는 분이 있습니다. 반면에 어떤 분은 실천력은 좋다고 하는데 믿음이 시원찮은 분이 있습니다. 오늘 우리는 좌로나 우로나 치우치지 말아야 합니다. 그래서 오늘 본문에서 믿음의 역사라고 강조하고 있는 것입니다. 믿음은 반드시 역사가 뒤따릅니다. 내적인 믿음은 반드시 외적인 삶 속에서 입증되어야 합니다. 이것이 진실한 믿음입니다. 만약 믿음이 삶으로 증명되지 않는다면 그 믿음은 진실한 믿음이 아닙니다.

오늘 병중에 있는 분이 있습니까? 암으로 투병하는 분이 있습니까? 믿음으로 치유받으시기 바랍니다. 예수님이 이 땅에 오셔서 수많은 병자를 고쳐주셨습니다. 복음서에 보면 대부분 예수님이 병을 치유해주신 사역이었습니다.

38년 된 장기환자를 고쳐주셨습니다. 열두 해를 혈루증으로 앓던 여인의 병도 고쳐주셨습니다. 나병환자도 고쳐주셨고, 중풍병자도 고쳐주셨고, 나면서 걷지 못한 사람도 고쳐주셨습니다. 시각장애인도 고쳐주셨고, 청각장애인과 언어장애도 다 고쳐주셨습니다. 심지어 죽은 나사로를 살려주셨고, 나인성 과부의 아들과 회당장 야이로의 딸도 살려주셨습니다.

그런데 주님이 병을 고쳐주실 때 꼭 하신 말씀이 있습니다. "네 믿음대로 될지어다". 한 번 따라 합니다. "네 믿음대로 될지어다". 그렇습니다. 내적인 믿음을 가질 때 외적인 치유의 역사가 일어나는 것입니다. 이것이 바로 믿음의 역사입니다.

이 시간 가정의 문제, 자녀의 문제, 물질의 문제로 고통받고 있는 분이 있습니까? 믿음으로 기도하면 반드시 문제가 다 해결될 줄 믿습니다. "의인의 간구는 역사하는 힘이 큼이니라"(약 5:16).

두 번째 이유는 사랑의 수고입니다. 토마스 아 켐피스는 『그리스도를 본받아』라는 책에서 "고통이 없는 사랑은 사랑이 아니다"라고 했습니다. 그렇습니다. 사랑은 반드시 고통이 동반되는 것입니다. 그래서 오늘 본문에서 사랑의 수고라고 표현한 것입니다.

에릭 프롬은 사랑의 다섯 가지 특징을 이렇게 정리하고 있습니다. 첫째, 관심을 가지는 것. 둘째, 책임을 느끼는 것. 셋째, 존중하는 것. 넷째, 이해하는 것. 다섯째, 주는 것입니다. 오늘 성경대로 한마디로 요약하면 사랑의 수고라고 정의할 수 있을 것입니다.

그렇습니다. 사랑은 말로만 사랑한다는 것이 아니라 반드시 수고가 뒤따라야 합니다. 누군가를 사랑한다면 그 사람을 위해서 관심을 가져주고, 책임을 느끼고, 존중해주고, 이해해주고, 무엇이든지 베풀어주는 것입니다. 시간을 주고, 물질을 주고, 내가 가지고 있는 것으로 베풀어주는 것이 바로 사랑입니다.

모든 목회자들은 성령충만하여 사랑의 은사를 받아야 목회를 잘 감당할 수 있습니다. 구역장님들도 성령충만하여 사랑의 은사를 받아야 구역식구를 잘 돌볼 수 있습니다. 양 떼의 형편을 부지런히 살피고 소 떼에 마음을 두는 것은 보통 수고로운 일이 아닙니다. 지금 코로나 상황에서 목회자들이 성도님들에게 전화 심방을 하고 기도하는 것은 사랑의 수고입니다. 구역장님들과 팀장님들이 구역식구들의 안부를 묻고 기도하는 것이 바로 사랑의 수고입니다. 교사분들도 마찬가지입니다. 교사의 은사 중에 가장 중요한 은사는 사랑의 은사입니다. 사랑이 없이는 교사로 봉사할 수 없습니다. 어린 양떼들에게 더욱 관심을 가지고 존중해주고 학생들 편에서 이해하고자 노력하고 내가 가진 것을 베풀면서 봉사하는 것은 사랑이 아니면 불가능합니다. 사랑의 수고가 반드시 결실을 맺을 줄 믿습니다.

세 번째 이유는 소망의 인내입니다. 본서의 주제가 재림에 대한 소망입니다. 초대교회 성도들은 모였다가 헤어질 때마다 인사하는 말이 있었다고 합니다. 무엇입니까? 예, '마라나타'라는 말이었습니다. 무슨 뜻입니까? "주여, 오시옵소서!"라는 뜻입니다. 이제 곧 주님이 오신다는 것을 확신하였습니다. 그런데 사실 2,000년 전에 예수님이 다시 오신다고 했지만 아직도 오시지 않았어요. 그래서 어떤 분은 재림이 없다고 부인하는 분도 있어요. 소위 말하는 자유주의 신학자들 가운데는 예수님의 재림을 문자적으로 받아들이지 않고 영적인 의미로만 적용하려는 신학자들이 있습니다.

그러나 내 생각대로, 내 이성으로 믿지 마시고 성경대로 믿으시기 바랍니다. "사랑하는 자들아 주께는 하루가 천 년 같고 천 년이 하루 같다는 이 한 가지를 잊지 말라. 주의 약속은 어떤 이들이 더디다고 생각하는 것 같이 더딘 것이 아니라 오직 주께서는 너희를 대하여 오래 참으사 아무도 멸망하지 아니하고 다 회개하기에 이르기를 원하시느니라"(벧후 3:8-9). 인간의 시간표로는 2,000년이지만 하나님의 시간표로는 단 이틀밖에 되지 않았다는 것입니다. 그리고 재림을 지연하시는 이유는 한 사람이라도 더 구원하기 위해서 지연하고 계시는 것을 알고 우리는 때를 얻든지 못 얻든지 복음전파에 힘써야 합니다.

예수님은 곧 다시 오실 것입니다. 우리 성도에게는 인내가 요구됩니다. 농부가 어떻게 인내할 수 있습니까? 추수의 소망이 있기 때문입니다. 학생은 어떻게 인내할 수 있습니까? 합격의 소망이 있기 때문입니다. 사업가는 어떻게 인내할 수 있습니까? 성공의 소망이 있기 때문입니다. 운동선수는 어떻게 인내할 수 있습니까? 금메달의 소망이 있기 때문입니다. 우리 신앙인들도 주님이 곧 오실 것이라는 소망이 있기에 인내할 수 있습니다.

저는 종말 신앙을 생각할 때마다 생각나는 말이 있습니다. 마틴 루터가 한 유명한 말입니다. "예수님께서 어제 십자가에 돌아가셨고, 오늘 부활하셨고, 내일 재림하실 것처럼 살자". 우리 흰돌교회 성도님들도 예수님이 어제 돌아가셨고, 오늘 부활하셨고, 내일 다시 오실 것처럼 살 수 있기를 바랍니다.

둘째, 데살로니가 교회는 환난 가운데서도 말씀을 응답받고 승리하였습니다. 데살로니가전서 1장 6절을 봉독합니다. "또 너희는 많은 환난 가운데서 성령의 기쁨으로 말씀을 받아 우리와 주를 본받은 자가 되었으니". 데살로니가 교회가 믿음과 사랑과 소망이 충만한 교회가 분명한데 오늘 본문에서 환난이 있었다고 하십니까? 없었다고 하십니까? 예, "너희는 많은 환난 가운데서"라고 분명히 환난을 많이 당했다고 말씀하고 있습니다.

사랑하는 여러분! 우리는 바른 복음의 말씀을 받아야 합니다. 예수만 믿으면 환난이 없고 만사형통하다는 것은 가짜 복음입니다. 절대로 속지 마시기 바랍니다. 제 말이 아닙니다. 성경에 있습니다. "세상에서는 너희가 환난을 당하나 담대하라 내가 세상을 이기었노라"(요 16:33). 세상에서 환난을 당한다고 하십니까? 안 당한다고 하십니까? 예수를 믿어도 환난을 당할 수 있다는 것이 복음입니다.

화목의 목회

예수를 잘 믿는 사람에게도 때로는 환난이 올 수가 있습니다. 코로나가 올 수도 있습니다. 암에 걸릴 수도 있습니다. 교통사고가 날 수도 있습니다. 사업에 실패할 수도 있습니다. 직장에서 실직할 수도 있습니다. 시험에 불합격할 수도 있습니다.

그런데 분명한 사실은 이러한 환난을 통해서 하나님께서 말씀을 주신다는 것입니다. 오늘 본문 데살로니가전서 1장 6절에서 "또 너희는 많은 환난 가운데서 성령의 기쁨으로 말씀을 받아"라고 말씀하지 않습니까? 환난 가운데서 우리에게 주시는 하나님의 말씀을 받아야 한다는 사실입니다.

동방의 의인 욥은 하루아침에 전 재산을 다 잃고, 전 자녀가 다 죽고, 온몸에는 나병과 같은 악성피부병에 걸리는 큰 환난을 만나게 되었습니다. 설상가상, 엎친 데 덮친 격이었습니다. 그 광경을 본 부인은 하나님을 욕하고 죽으라고 저주하며 떠나버렸습니다. 세 친구는 찾아와서 네가 이런 고난을 당한 것은 죄 때문이다. 지금 당장 죄를 회개하라고 했습니다. 그러나 욥은 잘못했다면 바로 회개하겠는데 특별한 죄가 떠오르지 않았습니다. 정말 괴로웠습니다. 그런데 그때 욥에게 하나님이 응답으로 주신 말씀이 있었습니다.

"그러나 내가 가는 길을 그가 아시나니 그가 나를 단련하신 후에는 내가 순금같이 되어 나오리라"(욥 23:10). 욥이 깨달은 것은 고난에는 반드시 목적이 있다는 것입니다. 순도 100%의 깨끗하고 순수한 믿음을 주시기 위해서 이러한 고난을 주셨다는 것입니다. 오늘 우리가 당하고 있는 코로나의 고난도 반드시 하나님의 목적이 있는 줄 믿습니다. 우리는 그 목적을 깨달아야 합니다. 그리고 환난 가운데서 욥이 말씀을 받았듯이 오늘 우리도 환난 중에 말씀을 받아야 합니다. 나에게 주시는 하나님 말씀의 응답을 받으면 우리는 환난 중에도 기뻐할 수 있는 것입니다. "다만 이뿐 아니라 우리가 환난 중에도 즐거워하나니 이는 환난은 인내를, 인내는 연단을, 연단은 소망을 이루는 줄 앎이로다"(롬 5:3-4).

셋째, 데살로니가교회는 좋은 소문이 나는 교회였습니다. 데살로니가전서 1장 8절을 봉독합니다. "주의 말씀이 너희에게로부터 마게도냐와 아가야에만 들릴 뿐 아니라 하나님을 향하는 너희 믿음의 소문이 각처에 퍼졌으므로 우리는 아무 말도 할 것이 없노라". 좋은 소문이 각처에 퍼졌다는 것입니다. 부흥하는 교회는 좋은 소문이 퍼져야 합니다. 전도지 수천, 수만 장의 효과보다 좋은 소문이 나는 것이 더 중요합니다. 식당도 마찬가지입니다. 입소문이 무섭습니다. 어디 음식이 맛있다고 소문나면 1~2시간 차 타고 와서 먹고 갑니다. 소문나는 것이 중요합니다. 우리 흰돌교회도 좋은 소문이 나야 할 줄 믿습니다.

그러기 위해서는 교회의 이미지가 중요합니다. 현대 사회는 이미지 메이킹이 부각되는 시대입니다. 기업도 한번 이미지가 실추되고 나면 다시 끌어올리기가 무척 힘들다고 합니다. 어떤 기업이 한번

화목의 목회

잘못하면 그것을 만회하기가 얼마나 어렵습니까?

우리 흰돌교회도 지역사회에 좋은 이미지로 소문날 수 있기를 바랍니다. 전도를 현대적인 언어로 바꾼다면 좋은 이미지 메이킹이라고 할 수 있습니다. 우리 교회가 좋은 교회요, 지역사회에 꼭 필요한 교회라고 인정만 받으면 전도는 쉽습니다. 그러나 우리 교회가 나쁜 교회로 한번 소문나면 전도하기가 정말 어려워질 것입니다. 아무리 전도지 수만 장을 뿌려도 전도가 안 됩니다. 그래서 지역사회에 좋은 소문이 나는 교회가 되어야 한다는 것입니다.

저는 담임목사로서 늘 기도합니다. 흰돌교회가 화목하다는 좋은 소문이 나기를 소원합니다. 교회는 화목하기만 하면 부흥하기 때문입니다. 목회자와 교인들이 화목하고, 당회가 화목하고, 제직회가 화목하고, 어린아이부터 노년에 이르기까지 전 성도가 화목한 교회가 되기를 축복합니다. 화목한 교회는 예수님이 기뻐하십니다. 그러나 화목하지 않고 싸우는 교회는 예수님이 탄식하십니다. 싸우는 교회에는 마귀가 역사합니다. 그러나 화목한 교회는 마귀가 한 길로 왔다가 일곱 길로 물러갈 줄 믿습니다. 왜요? 마귀가 할 일이 없기 때문입니다. 우리 교회는 전 교인이 같은 말, 같은 마음, 같은 뜻을 품고 하나 되어서 주님의 복음을 면목동과 중랑구와 서울시와 대한민국 세계 땅끝까지 전파하는 교회가 되기를 축원합니다.

흰돌교회는 기도가 뜨겁다는 좋은 소문이 나기를 소원합니다. 흰돌교회에서 기도하면 응답이 다 된다는 소문이 나기를 바랍니다. 병이 나았다는 소문도 나기를 바랍니다. 기도하여 문제가 해결되었다는 소문이 나기를 바랍니다. 그래서 교회 부흥은 전적으로 하나님이 역사하셔야 한다는 것입니다. 우리가 아무리 노력해도 안 되지만 하나님이 한 번만 개입해주시면 다 끝나는 것입니다. 부흥은 하나님의 개입입니다. 부흥은 하나님의 방문입니다. 부흥은 하나님의 심방입니다. 우리가 합심하여 기도할 때 하나님이 우리 흰돌교회에 한 번만 방문해주시면 모든 상황은 종료될 줄 믿습니다.

흰돌교회는 다음 세대를 잘 키우는 교회라는 좋은 소문이 나기를 소원합니다. 영아부와 유치부에서 초등부와 소년부, 중등부와 고등부 그리고 청년부에 이르기까지 다음 세대가 잘 양육 받고 자라나야 합니다. 교회학교의 생태계가 살아나야 합니다. 교회학교가 잘 되는 교회는 미래가 있습니다. 지금 한국교회에 교회학교가 없는 교회가 절반이 넘는다고 합니다. 지금 코로나 상황 때문에 더욱 악화될 것이 분명합니다. 교회학교가 없는 교회는 당장은 예산을 아끼고 절감할지 모르지만 향후 10년, 20년 후에는 그 교회의 문을 닫아야 할지도 모릅니다. 뿐만 아니라 30, 40대의 가나안 교인(거꾸로 하면 안나가 교인)들을 잡을 수 있는 마지막 기회가 될 것입니다. 영아부, 유치부, 초등부, 소년부, 중등부, 고등부 자녀를 둔 부모들을 잡을 수 있는 마지막 기회입니다. 가나안 교인인 자신들은 교회에 안 나오면서도 자녀들은 이왕이면 교회학교 교육체계가 잘 갖추어진 교회로 보낼 욕심이 있다는 것입니다. 그런데 자녀가 먼저 교회에 나오면 얼마 후에는 부모도 반드시 자녀를 따라오게 되어있습니다. 그래서 교회학교에 대한 투자는 미래를 위한 투자일 뿐 아니라 현재를 위한 투자인 줄 믿습니다. 우리 흰돌교회가 다음 세대를 잘 세운다는 좋은 소문이 나기를 축복합니다.

흰돌교회는 선교하는 교회라는 좋은 소문이 나기를 소원합니다. 주보에 보시면 국내선교 20곳, 해외선교 18곳을 돕고 있는데 더 많은 곳을 도웁시다. 선교하는 교회는 복을 받습니다. 그러기 위해서 어떻게 해야 합니까?

결론적으로 데살로니가전서 1장 10절을 봉독하고 마칩니다. "이는 장래의 노하심에서 우리를 건지시는 예수시니라". 결론은 예수입니다. 복음의 핵심은 예수님이십니다. 오직 예수님을 흰돌교회의 중심에 모시고 믿음과 사랑과 소망이 충만한 교회, 환난 중에도 말씀으로 승리하는 교회, 좋은 소문이 나는 교회가 됩시다.

건강한 교회

◇◇◇◇◇◇

"그 때에 제자가 더 많아졌는데 헬라파 유대인들이 자기의 과부들이 매일의 구제에 빠지므로 히브리파 사람을 원망하니. 열두 사도가 모든 제자를 불러 이르되 우리가 하나님의 말씀을 제쳐 놓고 접대를 일삼는 것이 마땅하지 아니하니. 형제들아 너희 가운데서 성령과 지혜가 충만하여 칭찬받는 사람 일곱을 택하라 우리가 이 일을 그들에게 맡기고. 우리는 오로지 기도하는 일과 말씀 사역에 힘쓰리라 하니. 온 무리가 이 말을 기뻐하여 믿음과 성령이 충만한 사람 스데반과 또 빌립과 브로고로와 니가노르와 디몬과 바메나와 유대교에 입교했던 안디옥 사람 니골라를 택하여. 사도들 앞에 세우니 사도들이 기도하고 그들에게 안수하니라. 하나님의 말씀이 점점 왕성하여 예루살렘에 있는 제자의 수가 더 심히 많아지고 허다한 제사장의 무리도 이 도에 복종하니라"(행 6:1-7).

할렐루야! 오늘도 복된 날입니다. 하나님의 크신 축복이 여러분의 가정과 생업 가운데 넘치시기를 축복합니다. 유명한 복음주의자 후안 카를로스 오르티즈 목사님이라는 분이 있습니다. 이분은 아르헨티나 목사님이신데 『제자입니까』라는 책의 저자로도 유명한 분입니다. 그 책에 보면 오르티즈 목사님이 200명 정도 되는 교회에 부임해서 2년 만에 600명으로 성장시켜서 소위 부흥을 이루었다고 기뻐하는데 그때 기도 중에 오르티즈 목사님이 하나님의 음성을 들었습니다. "오르티즈야, 너는 코카콜라 회사가 코카콜라를 파는 것과 똑같은 방식으로 복음을 전하고 있구나. 너는 학교에서 배운 모든 술수를 쓰고 있어. 도대체 네가 하는 일들 가운데 어디에서 나의 손길을 찾아보겠니? 너는 자라고 있질 않다. 네 생각에 교인 수를 200명에서 600명으로 늘렸다고 해서 자라고 있다고 생각하는 모양인데 그것은 자라는 것이 아니라 살이 쪄가는 것이란다". 교회론의 핵심은 건강한 교회입니다. 비대한 교회가 아니라 건강한 교회가 되어야 합니다. 건강한 교회만 되면 성장은 자연히 따라올 것입니다. 그러나 건강하지 않고 비대하기만 하면 오히려 영적인 성인병에 걸리고 말 것입니다.

사도행전에 나오는 초대교회의 특징은 예수 그리스도의 복음에 기초한 교회였습니다. 바로 앞부분 성경을 보세요. "그들이 날마다 성전에 있든지 집에 있든지 예수는 그리스도라고 가르치기와 전도하기를 그치지 아니하니라"(행 5:42). 사도행전에 나오는 초대교회는 예수가 그리스도라는 것을 가르치고 전도하기를 쉬지 않았습니다. 복음의 핵심은 예수 그리스도이십니다. 예수가 주인이 되시는 교회의 모습입니다. 우리 흰돌교회의 주인은 오직 예수님이십니다. "이 닦아둔 것 외에 능히 다른 터를 닦아 둘 자가 없으니 이 터는 곧 예수 그리스도라"(고전 3:11). 교회의 기초는 오직 예수 그리스도이십니다.

그런데 오늘 본문을 보시면 가장 복음적인 초대교회에도 갈등이 발생하고 있습니다. 사도행전 6장 1절을 함께 읽어보겠습니다. "그 때에 제자가 더 많아졌는데 헬라파 유대인들이 자기의 과부들이 매일의 구제에 빠지므로 히브리파 사람을 원망하니". 성령이 충만했던 초대교회에도 원망이 있고 갈등이 있었다는 점에 주목해야 합니다. 이 지구상에 있는 모든 교회 중 문제없는 교회는 없습니다. 지상의 교회는 크고 작은 문제를 다 안고 있습니다. 가장 모범적이고 복음적인 초대교회에도 문제가 있었다면 이 지구상에 문제없는 교회는 한 교회도 없습니다.

그런데 중요한 것은 문제 자체가 아니라 문제를 해결하는 과정입니다. 문제를 잘 해결하는 교회가 건강한 교회입니다. 건강한 교회는 문제가 없는 교회가 아니라 문제가 있지만 문제를 잘 해결하는 교회입니다. 건강한 사람은 병균이 와도 다 이겨내기 때문에 병에 걸리지 않습니다. 하나님이 주신 자연치유력, 즉 면역력이 너무나 중요합니다. 건강한 사람은 면역력이 높아서 웬만한 병이 찾아와도 다 이기는 것입니다. 코로나 상황에서 면역력은 정말 중요합니다. 평상시에 건강관리를 잘하시면 코로나가 와도 한 길로 왔다가 일곱 길로 물러갈 줄 믿습니다. 그러나 건강하지 않으면 면역이 떨어지고 코로나를 이길 수 없습니다. 우리 몸 안에는 매일 암세포 5,000개가 생긴다고 하지 않습니까? 그러나 건강한 사람은 면역력이 좋아서 암세포를 다 이겨낸다는 것입니다. 하지만 건강하지 못하면 면역력이 떨어지고 암세포가 순식간에 번식하여 암으로 발병하는 것입니다.

교회도 마찬가지입니다. 교회는 그리스도의 몸이요, 유기체입니다. 그러므로 건강한 교회는 면역력이 강해서 웬만한 병균을 다 물리쳐 이기지만 건강하지 못한 교회는 작은 균이 와도 이기지 못하고 큰 병으로 발병합니다. 오늘 우리는 건강한 교회의 모델을 초대교회에서 찾아보려고 합니다.

첫째, 건강한 교회는 소통이 잘 되는 교회입니다. 사도행전 6장 2절 상반절을 함께 봉독합니다. "열두 사도가 모든 제자를 불러 이르되". 커뮤니케이션(의사소통)이 막히면 갈등이 심화됩니다. 건강한 교회는 대화가 잘 통하는 교회입니다. 대화가 막히면 병에 걸리는 것입니다. 가정에서도 부부간에 대화가 막히면 병이 듭니다. 부모와 자녀 사이에 대화가 막히면 가정이 어려워집니다. 고부간의 갈등도 대화가 막힐 때 생기는 것입니다. 국가적으로도 정치지도자들은 소통을 잘해야 정치를 잘할 수 있습니다. 마찬가지로 교회에서도 대화가 막히면 안 됩니다. 문제가 발생했을 때 건강한 교회는 지도자와 구성원들이 허심탄회하게 대화하고 있습니다. "열두 사도가 모든 제자를 불러 이르되"는 서로 문제를 다 터놓고 대화를 하고 있다는 것입니다.

예루살렘 초대교회의 가장 큰 문제는 의사소통의 문제였습니다. 구성인자가 이미 갈등을 내포하고 있었습니다. 헬라파 유대인과 히브리파 유대인들의 갈등이었습니다. 헬라파 유대인은 본토를 떠나서 외국에서 생활하던 분들로서 주로 헬라어를 사용하는 진보적인 성향의 사람들이었습니다. 히브리파 유대인들은 본토에 살면서 주로 히브리어를 사용하며 전통을 강조하는 보수적인 사람들이었습니다. 이러한 내면적인 갈등요소가 표면적으로는 나타난 것이 바로 구제 문제로 폭발했던 것입니다. 헬라파 과부들이 구제에 빠지게 되면서 불만이 폭발하고 말았습니다.

바로 이때 지도자가 모든 교인들을 함께 불러 모아서 원활하게 의사소통하고 있는 것을 볼 수 있습니다. 문제가 발생했을 때 대화가 얼마나 중요합니까? 의사소통이 잘 안 되면 공동체에 큰 문제가 발생합니다. 창세기 11장에 바벨탑 사건이 나옵니다. 인류가 왜 흩어졌습니까? 하나님께서 언어를 흩어놓으시면서 사람들이 다 흩어지게 되었던 것입니다. 그래서 의사소통이 중요합니다. 건강한 교회는 커뮤니케이션이 원활한 교회입니다. 문제가 발생했을 때 서로 모여서 문제를 의논하면서 잘 풀어나가게 되었던 것입니다.

둘째, 건강한 교회는 문제의 원인을 다른 사람에게서 찾지 않고 나 자신에게서 찾습니다. 사도행전 6장 2절을 보세요. "우리가 하나님의 말씀을 제쳐 놓고 접대를 일삼는 것이 마땅하지 아니하니". 접대라는 것은 재정출납을 의미합니다. 즉, 목회자들이 말씀과 기도의 본질을 놓치고, 재정 문제에 관여하면서부터 오히려 문제가 발생했던 것입니다.

화목의 목회

그런데 오늘 본문에서 중요한 것은 문제의 핵심을 상대방에게서 찾는 것이 아니라 나에게서 찾고 있다는 것입니다. 사도들은 갈등의 원인을 헬라파 유대인이나 히브리파 유대인에게 찾은 것이 아니라 지도자들 자신에게서 찾았습니다. 중요한 것은 지도자가 먼저 자신의 잘못을 고백하고 있다는 것입니다.

『논어』에 보면 "군자구저기(君子求諸己) 소인구저인(小人求諸人)"라는 말이 있습니다. "군자는 문제의 원인을 자신에게서 찾고, 소인은 문제의 원인을 남에게서 찾는다"는 말입니다. 한문에서 몸 기(己)자는 자신을 가리키고, 사람 인(人)자는 다른 사람을 가리킬 때 사용됩니다. 리더는 남을 탓하면 안 됩니다. 지도자는 "내 탓이오" 운동을 전개하는 사람입니다. 되는 집안은 모두가 "내 탓이오!"를 말합니다. 그러나 안 되는 집안은 모두가 남 탓을 하는 것입니다. 한번 따라 합시다. "내 탓이오". 그런데 이것은 말처럼 쉬운 것이 아닙니다. 나의 육신적인 모습으로는 절대로 그렇게 할 수 없습니다. 그러나 내 안에 복음이 충만하고 예수 그리스도가 내 속에 충만할 때 나는 죽고, 예수로 살게 될 때 내 입에서 "내 탓이오"라는 말이 나오게 되는 것입니다.

여러분! 식당에서 고함치고 소리 지르는 사람은 누구입니까? 주인입니까? 손님입니까? 예, 손님입니다. 식당에 문제가 생기면 손님이 주인을 불러서 야단을 치고, 주인은 고개를 푹 숙이고 "잘못했습니다", "부족했습니다", "다음부터는 잘하겠습니다" 하지 않습니까?

그런데 놀라운 것은 식당이 장사가 잘되고 수입을 올리면 누가 이익을 봅니까? 손님이 이익을 봅니까? 아닙니다. 주인이 이익을 보지 않습니까?

　마찬가지로 우리 교회에서 문제가 발생했을 때 그 문제를 다른 사람에게서 찾지 않고 나에게서 찾으며 '내 탓이오'라고 하는 분이 진정한 흰돌교회의 주인입니다. 사랑하는 여러분! 신앙생활을 할 때 손님이 아니라 주인으로 신앙생활 하시기 바랍니다. 결국 교회가 화목하고 부흥하게 되면 누가 축복을 받습니까? 내가 축복을 받게 될 것입니다. 내 당대가 아니면 내 자녀, 내 손자, 손녀가 복을 받게 될 것입니다.

　셋째, 건강한 교회는 평신도 사역자가 건강하고 칭찬받는 교회입니다. 사도행전 6장 3절을 봉독합니다. "형제들아 너희 가운데서 성령과 지혜가 충만하여 칭찬받는 사람 일곱을 택하라 우리가 이 일을 그들에게 맡기고". 사도행전 6장 5절도 봉독합니다. "온 무리가 이 말을 기뻐하여 믿음과 성령이 충만한 사람 스데반과 또 빌립과 브로고로와 니가노르와 디몬과 바메나와 유대교에 입교했던 안디옥 사람 니골라를 택하여". 오늘 본문에는 7명 초대교회 일꾼의 명단이 나옵니다. 21세기에 가장 중요한 화두가 있다면 평신도입니다. 한번 따라 합시다. "21세기는 평신도의 시대입니다".

　저는 사랑의 교회를 목회하셨던 고 옥한흠 목사님이 한 번씩 떠오릅니다. 제가 그분을 직접 뵈었던 것은 2008년 평신도를 깨우는 제자훈련 세미나 77기로 가서 일주일 동안 교육을 받을 때였습니다. 그 당시에도 옥 목사님이 체력이 달려서 강의 도중 몇 시간은 화상으로 녹화된 화면을 통해 교육을 받기도 했습니다. 그런데 한 가지 가슴에 남는 말은 "우리 목사님들이 평신도를 병신도로 만들었다"는 말입니다. 무슨 말입니까? 평신도를 아무것도 할 수 없는 사람들로 만들었다는 것입니다. 그러면서 평신도를 깊은 잠에서 깨워야 할 사명이 우리 목회자들에게 있다면서 열변을 토하는 말씀이 지금도 생생합니다.

과거에는 목회자 혼자서 북 치고 장구 치고 다 했습니다. 그러나 이제 그런 시대는 끝났습니다. 평신도가 활발하게 움직여야 한다는 것입니다. 목회자가 변하면 교회가 변하고, 평신도가 변하면 세상이 변화합니다. 16세기의 종교개혁을 통해서 성경을 목회자로부터 평신도에게 돌려주었다면, 21세기의 종교개혁은 사역을 평신도에게 돌려주어야 합니다. 오늘 이 자리에 오신 한 분 한 분 성도님들이 사역자임을 믿으시기 바랍니다.

가령 성도 1,000명의 교회가 있다고 가정해봅시다. 목사 혼자서 뛰는 교회와 1,000명의 평신도가 함께 뛰는 교회가 있다면 어느 교회가 부흥하겠습니까? 두말할 것 없이 평신도가 동역하는 교회가 부흥할 줄 믿습니다. 교사의 사명을 감당할 때도 목회자의 마음으로 목양하시기 바랍니다. 우리 모두는 작은 예수입니다. 작은 목자들입니다. 팀장과 구역장의 사명을 감당할 때도 목자의 마음으로 목양하시기 바랍니다. 목자의 마음으로 양 떼의 형편을 부지런히 살피고 소 떼를 살피면 될 줄 믿습니다. 우리 교회에 83개 구역이 있는데 만약에 담임목사 혼자서 83구역을 다 돌본다면 어떻게 되겠습니까? 아마도 탈진하고 말 것입니다. 그래서 부목사님들이 도와주고 장로님들이 도와주고 12명의 팀장님들과 83명의 구역장님들, 권찰님들이 도와주시는 것입니다. 얼마나 감사합니까? 만약 저 혼자 1,000명의 성도님들을 다 돌본다면 지쳐서 금방 쓰러지고 말 것입니다.

모세가 광야에서 이스라엘 백성 60만 대군의 문제를 다 홀로 해결하려고 하다가 그만 지쳐버렸습니다. 하루 종일 이스라엘 백성들의 송사문제를 혼자서 다 담당하다가 탈진상태에 빠지고 말았던 것입니다. 그때 모세의 장인 이드로가 와서 천부장, 백부장, 오십부장, 십부장을 뽑아서 모세의 일을 나누어서 분담하도록 깨우쳐주었습니다. 이것은 매우 효율적인 시스템이 되었고, 모세는 지치지 않고 이스라엘 60만 대군을 잘 이끌었고, 모든 백성들이 만족하게 되었던 것입니다.

그런데 오늘 본문에서 초대교회 평신도 지도자의 모습이 나옵니다. 세 가지입니다. 첫 번째, 성령이 충만한 사람들이었습니다. 하나님의 사람은 성령충만을 받아야 합니다. 교회 일은 사람의 일이 아닙니다. 하나님의 일입니다. 하나님의 일을 할 때 하나님의 영을 충만히 받고 해야 합니다. 이는 힘으로도 능력으로도 되지 아니하며 오직 여호와의 영으로 된다고 했습니다. 예수님도 공생애를 시작하실 때 성령이 비둘기같이 임재하셨다고 했습니다. 초대교회 성도들도 마가의 다락방에서 기도하다가 성령의 충만함을 받고 난 후 세상에 나가서 빛과 소금의 사명을 감당했습니다. 오늘 우리도 내 힘으로 일하려고 하지 마시고 성령충만을 받고 성령의 힘으로 하시기 바랍니다. 성령충만은 한번 받고 끝나는 것이 아니라 계속 받아야 합니다.

"술 취하지 말라 이는 방탕한 것이니 오직 성령으로 충만함을 받으라"(엡 5:18). '충만함을 받으라'는 단어는 헬라어로 '플레루스테'입니다. 헬라어 시제로는 현재형입니다. 성령충만은 과거에 한번 받은 것으로 끝난 것이 아니라 현재에도 계속 성령충만을 받아야 합니다. 미래에 앞으로 받을 것이 아니라 오늘 지금 여기서 성령충만 받으시기 바랍니다. 아울러 충만을 받으라는 것은 명령형입니다. 성령충만은 받아도 되고 안 받아도 되는 것이 아니라 반드시 받아야 하는 하나님의 명령입니다. 충만을 받으라는 것은 수동태로서 우리가 노력해서 되는 것이 아니라 하나님께서 부어주셔야 가능하다는 것입니다.

그런데 성령충만은 곧 예수충만입니다. 성령충만하면 반드시 나의 삶 속에서 예수가 드러나게 됩니다. 성령충만하여 예수님 닮은 작은 예수가 됩시다. 성령충만하여 예수님 닮은 목사님이 됩시다.

성령충만하여 예수 닮은 장로님이 됩시다. 예수님 닮은 권사님이 됩시다. 예수님 닮은 안수집사님이 됩시다. 예수님 닮은 집사님이 됩시다. 예수님 닮은 성도님이 됩시다.

두 번째, 지혜가 충만한 사람들이었습니다. 지도자는 성령만 충만하고, 지혜가 없으면 안 됩니다. 지도자는 뜨거운 가슴과 함께 냉철한 지혜가 필요합니다. 그래서 예수님은 제자들에게 비둘기같이 순결할 뿐 아니라 뱀 같이 지혜로우라고 말씀하셨던 것입니다. 특히 평신도 지도자에게는 지혜가 필요합니다. 갈등을 해결하기 위해서는 하나님이 주시는 지혜가 필요합니다. 솔로몬에게 주셨던 지혜가 필요합니다. 지혜를 언제 받습니까? 기도 시간에 받습니다. 솔로몬이 기도하는 가운데 주님을 만나게 됩니다. "솔로몬아, 내가 너에게 무엇을 줄까?"라고 물었을 때 솔로몬은 부귀영화를 구한 것이 아니라 "하나님 저에게 지혜를 주시옵소서"라고 말했습니다. 얼마나 귀한 기도입니까? 오늘 이 시간 솔로몬처럼 지혜를 달라고 기도하시기 바랍니다. "너희 중에 누구든지 지혜가 부족하거든 모든 사람에게 후히 주시고 꾸짖지 아니하시는 하나님께 구하라 그리하면 주시리라"(약 1:5).

세 번째, 칭찬받는 사람들이었습니다. 초대교회의 가장 큰 특징은 많은 사람들로부터 칭송을 받았다는 것입니다. "하나님을 찬미하며 또 온 백성에게 칭송을 받으니"(행 2:47). 우리 성도님들은 교회의 얼굴입니다. 이제부터 우리는 개인이 아니라 교회의 명예를 들고 나가야 합니다. 내가 잘못하면 나 한 사람 욕을 먹는 것이 아니라 교회가 욕을 먹고 예수님이 욕을 먹는다는 생각으로 신중하게 처신하시기 바랍니다. 오늘 우리 성도님들은 성령과 지혜가 충만하여 칭찬받는 일꾼이 되시기 바랍니다. "과연 흰돌교회 성도는 다르다"는 말씀을 들을 때 빛과 소금의 사명을 감당할 수 있을 것입니다. 옆 사람 보시면서 격려합시다. "칭찬받는 성도가 됩시다".

넷째, 건강한 교회는 목회자가 오직 기도와 말씀에 전념합니다.
사도행전 6장 4절을 봉독합니다. "우리는 오로지 기도하는 일과 말씀 사역에 힘쓰리라 하니". 교회 목회자의 사명은 기도하는 것과 말씀 전하는 일에 전념하는 것입니다. 이것이 목회자의 본질입니다. 그 나머지 일은 누가 합니까? 평신도들이 해주셔야 합니다. 그래서 21세기는 평신도의 시대가 온 것입니다. 믿습니까? 여러분들이 다 작은 목회자들인 것입니다. 목회자가 말씀과 기도에 전념하지 않고 엉뚱한 일에 신경을 빼앗기면 안 됩니다. 본질을 놓친 것입니다.

오늘 본문에서 초대교회 사도들이 본연의 사명을 망각하고 재정 출납과 같은 일들에 매달릴 때 오히려 교회가 시험에 들고 어려움이 찾아왔던 것입니다. 이것을 사도들이 깊이 반성하고 다시금 사도들의 본질적인 사명, 즉 기도하는 일과 말씀 전하는 일에 전념하겠다는 결단을 했던 것입니다.

사랑하는 여러분! 오늘 목회자들을 위해서 기도해주시기 바랍니다. 목회자의 본질에 충실하도록, 즉 기도하는 일과 말씀 전하는 일에 전념할 수 있도록 기도해주시기 바랍니다. 아울러 성도 한 사람한 사람을 뜨겁게 사랑할 수 있도록 기도해주시기 바랍니다. 목회자는 성도님들의 기도를 먹고사는 존재입니다. 여러분들의 기도가 아니면 오철훈 목사는 목회 사역을 잘 감당할 수 없습니다. 계속 생각날 때마다 주의 종을 위하여 기도해주시기 바랍니다.

마지막으로 사도행전 6장 7절을 봉독하고 마칩니다. "하나님의 말씀이 점점 왕성하여 예루살렘에 있는 제자의 수가 더 심히 많아지고 허다한 제사장의 무리도 이 도에 복종하니라". 할렐루야! 목회자는 목회자로서 건강하게 본질적인 사명을 잘 감당하고, 평신도는 평신도로서 건강하게 사역을 잘 감당했을 때 부흥은 자연스럽게 뒤따라왔다는 것입니다. 건강한 교회만 되면 부흥은 보너스로 주시는 것입니다. 교회를 교회되게 하고, 예배를 예배되게 하고, 하나님께 칭찬받고 이웃에게 칭찬만 받으면 교회는 자연히 부흥하게 될 줄 믿습니다.

사랑하는 여러분! 오늘 흰돌교회는 목회자와 평신도가 잘 동역하는 교회가 될 수 있기를 바랍니다. 그러기 위해서는 무엇보다도 화목이 제일 중요합니다. 우리 흰돌교회는 목회자와 평신도가 화목하고, 평신도와 평신도가 화목한 교회가 되어 면목동 중랑구에서 가장 행복한 교회가 될 수 있기를 축복합니다.

너희는 성전을 건축하라

◇◇◇◇◇◇◇

"만군의 여호와가 말하노니 너희는 자기의 행위를 살필지니라. 너희는 산에 올라가서 나무를 가져다가 성전을 건축하라 그리하면 내가 그것으로 말미암아 기뻐하고 또 영광을 얻으리라 여호와가 말하였느니라. 너희가 많은 것을 바랐으나 도리어 적었고 너희가 그것을 집으로 가져갔으나 내가 불어 버렸느니라 나 만군의 여호와가 말하노라 이것이 무슨 까닭이냐 내 집은 황폐하였으되 너희는 각각 자기의 집을 짓기 위하여 빨랐음이라. 그러므로 너희로 말미암아 하늘은 이슬을 그쳤고 땅은 산물을 그쳤으며. 내가 이 땅과 산과 곡물과 새 포도주와 기름과 땅의 모든 소산과 사람과 가축과 손으로 수고하는 모든 일에 한재를 들게 하였느니라. 스알디엘의 아들 스룹바벨과 여호사닥의 아들 대제사장 여호수아와 남은 모든 백성이 그들의 하나님 여호와의 목소리와 선지자 학개의 말을 들었으니 이는 그들의 하나님 여호와께서 그를 보내셨음이라 백성이 다 여호와를 경외하매. 그 때에 여호와의 사자 학개가 여호와의 위임을 받아 백성에게 말하여 이르되 여호와가 말하노니 내가 너희와 함께 하노라 하니라. 여호와께서 스알디엘의 아들 유다 총독 스룹바벨의 마음과 여호사닥의 아들 대제사장 여호수아의 마음과 남은 모든 백성의 마음을 감동시키시매 그들이 와서 만군의 여호와 그들의 하나님의 전 공사를 하였으니. 그 때는 다리와 오 왕 제이

년 여섯째 달 이십사일이었더라"(학 1:7-15).

할렐루야! 2019년 새해 첫 주일입니다. 우리 옆 사람 보시면서 서로 활짝 웃으면서 인사합시다. "새해 복 많이 받으세요", "새해 복 많이 누리세요". 금년 우리 교회에 주신 표어가 무엇입니까? 예, "너희는 성전을 건축하라"입니다. 한번 같이 외쳐봅시다. "너희는 성전을 건축하라".

오늘 본문의 배경이 되는 말씀들을 먼저 살펴보려고 합니다. 학개 1장 1절을 다 함께 봉독합니다. "다리오 왕 제이년 여섯째 달 곧 그 달 초하루에 여호와의 말씀이 선지자 학개로 말미암아 스알디엘의 아들 유다 총독 스룹바벨과 여호사닥의 아들 대제사장 여호수아에게 임하니라 이르시되". 왜 서두에 연대를 먼저 밝히고 있습니까? 그 이유는 그들이 얼마나 오랫동안 성전건축을 중단하였는지를 보여주기 위함입니다.

바벨론의 포로였던 그들이 귀환명령을 받은 것은 페르시아의 고레스 왕 원년, 즉 주전 538년이고, 1년 뒤인 주전 537년에 예루살렘에 도착했고, 실제로 성전건축을 시작한 것이 그다음 해인 주전 536년이라면 지금 다리오 왕 2년은 주전 520년입니다. 따라서 성전건축이 중단된 상태로 버려진 것은 약 16년이라는 시간이 흘러갔다는 계산이 나옵니다. 16년 동안이나 성전건축이 중단되었다는 것을 강조하기 위해서 연대를 밝히고 있습니다.

화목의 목회

그런데 백성들의 말을 들어보시기 바랍니다. 학개 1장 2절을 봉독합니다. "만군의 여호와가 이같이 말하여 이르노라 이 백성이 말하기를 여호와의 전을 건축할 시기가 이르지 아니하였다 하느니라". 지금 유다 백성들의 말을 들어보면 그들에게도 다 나름의 이유가 있었고 핑계가 있었음을 알 수 있습니다.

표면적인 이유가 무엇일까요? 첫 번째, 사마리아인들의 방해공작 때문입니다. 사마리아는 북이스라엘 왕국의 수도를 가리킵니다. 북이스라엘 왕국이 멸망당하면서 앗수르 사람들에 의해서 혼혈 족속이 되고 말았습니다. 그래서 남 왕국 유다 사람들은 북 왕국 사람들과는 매우 적대적인 관계에 있었습니다. 그런데 포로에서 돌아온 유다 백성들이 성전을 건축하려고 하니까 당시 북쪽에 남아있던 사마리아 토착민들이 사사건건 성전건축을 방해했던 것입니다. 나중에 페르시아 왕에게 유다 백성들을 모함하는 글까지 올리기도 했습니다. 결국 아닥사스다 왕 때 성전건축을 금지하는 조서를 내리게 되었고, 이에 성전건축은 오늘 본문 다리오 왕 2년까지 중단되었던 것입니다.

두 번째, 당시 경제적인 상황이 너무나 열악했기 때문입니다. 포로에서 귀환한 유다 사람들은 대부분 빈손으로 왔을 것입니다. 그전에 솔로몬 성전을 지을 때는 다윗 왕이 얼마나 많은 금과 은과 놋과 보석과 백향목을 다 준비하고 솔로몬 때는 건축만 하면 되었던 것입니다. 건축을 위한 준비를 워낙 다윗이 잘해놓았기 때문에 솔로몬은 시행하기만 하면 되었던 것입니다. 그러나 지금 포로귀환 공동체의 상황은 열악하기 짝이 없었습니다. 돈도 없었고, 은도, 금도 없었고, 고급 목재도 없었습니다. 그러자 지금은 성전을 건축할 시기가 아니라고 말했던 것입니다.

그런데 이것은 단순한 표면적인 이유일 뿐이고 실제적인 이유가 무엇일까요? 첫째, 하나님 나라에 대한 열정이 식었기 때문입니다. '돈도 없다. 자재도 없다. 사람도 없다. 사마리아 사람들이 방해공작을 한다. 아닥사스다 왕도 짓지 말라고 한다' 등의 여러 가지 핑계를 대면서 16년 동안 무사안일에 빠지고 말았던 것입니다. 어떻게 보면 표면적인 이유보다 실제적인 이유가 더 문제였습니다. 실제적인 이유는 성전건축에 대한 열정이 식은 것입니다. 그러면서 옳거니 잘 되었다. 이제 성전건축은 후 순위로 미루고 먼저 우리 집부터 짓고 우리 사업부터 잘하자고 했던 것입니다. 주변 상황이 그렇게 만들어갔다고 하면서 자기합리화를 했던 것입니다.

둘째, 더 큰 문제는 지도자의 문제였습니다. 총독 스룹바벨과 대제사장 여호수아는 이런 상황에서 백성들을 독려하고 성전건축을 다시 재계해야 하였지만 그들부터 열정이 식어버렸던 것입니다. 지도자가 식었는데 백성들이 따라올 리 만무하지 않겠습니까? 이때 분연히 일어서서 하나님의 말씀을 대언하고 선포한 사람이 바로 학개 선지자였습니다. 학개가 스룹바벨과 여호수아를 비롯한 모든 백성들을 일깨웠던 것입니다. 사랑하는 여러분! 모든 것은 지도자의

화목의 목회

문제인 줄 믿으시기 바랍니다.

우리 교회의 문제는 저의 문제인 것입니다. 담임목사가 성령충만하고 말씀충만하여 비전을 제시하면 여러분들은 다 따라오게 될 줄 믿습니다. 당회원들이 헌신하고 항존직분자들이 헌신하면 교우들은 다 따라오게 될 줄 믿습니다. 이것이 안 되면 참 힘들어집니다.

저는 12년 전이 떠올랐습니다. 당시 우리 교회에는 부채가 약 9억 원 있었습니다. 그 당시 설악산 수양관으로 정책 당회를 가서 마지막 날 아침이었습니다. 그때 당회원 중 한 분이 제안했습니다. 우리 교회 부채를 갚기 위해서 먼저 당회원이 작정합시다. 그러할 때 성령의 감동을 받아서 그 자리에서 기도하고 작정을 했는데 그 당시 돈으로 1억500만 원을 작정했어요. 그 이후 항존직분자들이 같은 마음, 같은 뜻으로 작정해주었고, 전 제직과 성도들이 또 작정해주셔서 얼마 전에 그 빚을 다 갚았습니다. 지도자들의 헌신이 그 일을 이루었던 것입니다. 이제 우리 교회가 한 단계 도약해야 할 시점에 왔다고 믿습니다.

우리 교회건물은 건축한 지 30년이 지나서 많이 노후화되었습니다. 때마침 내년이 50주년이어서 50주년 사업으로 성전건축을 하기로 결정했습니다. 하나님이 해주신 줄로 저는 믿습니다. 얼마나 영광스러운 일입니까? 일생일대에 한 번이라도 성전을 건축할 수 있다는 것은 큰 축복입니다. 다윗은 성전을 건축하고 싶어도 하나님이 허락하지 않으셔서 그 아들 솔로몬이 건축하지 않았습니까? 오늘 성전건축의 의미를 묵상하려고 합니다.

첫째, 성전건축은 성도가 가장 먼저 해야 할 우선순위라는 것입니다. 학개 1장 3절부터 4절을 봉독합니다. "여호와의 말씀이 선지자 학개에게 임하여 이르시되. 이 성전이 황폐하였거늘 너희가 이 때에 판벽한 집에 거주하는 것이 옳으냐"(학 1:3-4). 여호와의 말씀이 학개 선지자에게 임하였던 것입니다. 오늘 우리 한 사람 한 사람에게도 살아계신 하나님의 말씀이 임하시기 바랍니다. 하나님의 음성을 들으시기 바랍니다.

"이 성전이 황폐하였거늘 너희가 판벽한 집에 거주하는 것이 옳으냐!" 여호와의 집은 황폐해졌는데 우리 집은 좋은 집에서 살고 있다는 것입니다. 판벽한 집이란 무슨 뜻입니까? 판벽이라는 뜻은 두 가지 뜻이 있습니다. 첫 번째 뜻은 벽을 판으로 잘 부착시켰다는 것입니다. 즉, 고급 재료로 부착시켰다는 뜻입니다. 성전은 낡을 대로 낡았는데 우리 집부터 수리하고 집부터 고급 자재를 가지고 만들었다는 것입니다. 두 번째 뜻은 지붕과 벽을 다 갖춘 완성된 집이라는 뜻이 있습니다. 완벽한 집을 가지고 있다는 것입니다. 성전은 황폐할 대로 황폐한 데 나는 완벽하게 잘 지은 집에서 거주하고 있다는 것입니다.

한마디로 우선순위가 잘못되었다는 것입니다. 하나님의 집이 우선이고, 그다음이 나의 집입니다. 하나님의 일이 우선이고, 그다음이 내 일입니다. 하나님의 나라가 우선이고, 그다음이 나의 나라입니다.

"그런즉 너희는 먼저 그의 나라와 그의 의를 구하라 그리하면 이 모든 것을 너희에게 더하시리라"(마 6:33). 그러나 반대로 하나님의 집보다 내 집을 짓기에 급급했던 유다 백성들에게 하나님은 경고하십니다.

"그러므로 이제 만군의 여호와가 이같이 말하노니 너희는 너희의 행위를 살필지니라. 너희가 많이 뿌릴지라도 수확이 적으며 먹을지라도 배부르지 못하며 마실지라도 흡족하지 못하며 입어도 따뜻하지 못하며 일꾼이 삯을 받아도 그것을 구멍 뚫어진 전대에 넣음이 되느니라"(학 1:5-6). 많이 뿌렸는데 수확이 적다는 것입니다. 심은 대로 거두어야 하는데 심기는 많이 심었는데 거두는 양이 적습니다. 또한 먹기는 먹는데 배부르지 못합니다. 마시기는 마시지만 갈증이 더 극심합니다. 입어도 따뜻하지 않습니다. 삯을 받았고 월급을 많이 받은 것 같은데 구멍 뚫린 전대에 넣은 것처럼 다 바깥으로 새어버리고 말았다는 것입니다.

학개 1장 9절도 봉독합니다. "너희가 많은 것을 바랐으나 도리어 적었고 너희가 그것을 집으로 가져갔으나 내가 불어 버렸느니라 나 만군의 여호와가 말하노라 이것이 무슨 까닭이냐 내 집은 황폐하였으되 너희는 각각 자기의 집을 짓기 위하여 빨랐음이라". 하나님의 집은 황폐하였지만 자기 집을 짓기에 빨랐다는 것입니다. 그 결과 많은 것을 집에 가지고 갔으나 하나님이 다 불어버렸다는 것입니다. 하나님이 한번 혹하고 부시면 물질도 다 날아갑니다. 하나님이 한번 혹하고 부시면 다 사라집니다. 우리는 분명히 알아야 합니다. 하나님이 축복하지 않으시면 살 수 없다는 것입니다. 하나님이 건강을 지켜주시니 우리가 지금도 살고 있는 것입니다. 하나님이 물질을 지켜주시니 이렇게 살고 있습니다. 하나님이 자녀를 지켜주시니 사는 것입니다. 사업장도 하나님이 지켜주셔야 됩니다.

이 시간 하나님과의 우선순위가 확립되시기 바랍니다. 내 집보다 하나님의 집이 우선입니다. 내 일보다 하나님의 일이 우선입니다. 사랑하는 여러분! 하나님의 집, 즉 성전을 건축하는 일을 가장 먼저 하시기 바랍니다.

둘째, 성전건축은 내가 가지고 있는 것으로 건축하면 됩니다. 학개 1장 8절을 보세요. "너희는 산에 올라가서 나무를 가져다가 성전을 건축하라 그리하면 내가 그것으로 말미암아 기뻐하고 또 영광을 얻으리라 여호와가 말하였느니라". 성전을 어떻게 지으라고 말씀합니까? 산에 올라가서 나무를 가져다가 건축하라는 것입니다. 그것이 무슨 의미가 있습니까? 솔로몬 성전처럼 화려한 백향목이나 고급 대리석이나 금과 은으로 성전을 건축하라는 것이 아닙니다. 산에 올라가서 있는 그 나무를 베어다가 지으면 된다는 것입니다. 지금 내가 가지고 있는 것으로 건축하면 된다는 것입니다.

왜 그동안 16년 동안이나 성전건축이 중단되었나요? 유다 백성들이 생각할 때 지금은 건축할 준비가 되어있지 않다고 생각한 것 같습니다. 아마도 유다 백성들이 생각한 성전은 과거에 화려했던 솔로몬 성전이었던 것 같습니다. 그런데 지금 포로귀환 공동체에는 금도 없고, 은도 없고, 백향목도 없었습니다. 아무것도 없는 빈털터리로 무슨 건축을 하겠습니까? 그러니 지금은 시기상조라고 생각하고 건축을 하지 못했던 것입니다.

그러나 하나님의 생각은 사람의 생각과 달랐습니다. 지금 성전을 건축하라고 하실 때는 고급 자재로 화려한 성전을 지으라고 한 것이 아니라 산에 올라가서 나무를 베어다가 성전을 건축하라는 것입니다. 백향목이 아니라도 괜찮습니다. 고급목재가 아니라도 괜찮습니다. 고급 자재가 아니어도 괜찮습니다. 지금 내가 가지고 있는 것으로 지으면 된다는 것입니다.

무엇을 뜻합니까? 어떤 메시지가 있습니까? 오늘 우리도 성전을 건축하려고 합니다. 그런데 우리가 최고급 재료로, 최고급 목재와 최고급 인테리어로 성전을 건축한다고 하면 아마 지금 건축하면 안될 것입니다. 돈도 많이 비축하고 재정도 빵빵할 때 해야 할 것입니다. 그런데 성경은 지금 내가 가지고 있는 것으로 건축하라고 말씀하십니다.

저는 설교를 준비하다가 사도행전의 말씀이 떠올랐습니다. "베드로가 이르되 은과 금은 내게 없거니와 내게 있는 이것을 네게 주노니 곧 나사렛 예수 그리스도의 이름으로 일어나 걸으라"(행 3:6). 베드로가 성전 미문에서 구걸하는 앉은뱅이에게 한 말입니다. 어떻게 적용할 수 있습니까? 은과 금은 내게 없거니와 내게 있는 이것을 네게 주노니, 즉 지금 내가 가지고 있는 그것으로 하면 된다는 것입니다.

전도에 적용한다면 전도도 내가 가지고 있는 은사와 달란트로 하면 된다는 것입니다. 어떤 분은 청소를 잘하는 은사를 가졌는데 동네 청소를 하면서 복음을 전한다는 것입니다. 어떤 분은 음식을 잘 만듭니다. 그러면 음식을 만들어서 전도하면 될 줄 믿습니다. 식혜를 잘 만드는 분은 식혜를 요리해서 이웃에게 주면서 전도하면 됩니다. 김치를 잘 담는 분은 김치를 만들어서 이웃에게 주면서 전도하면 됩니다. 목구멍이 열리면 귓구멍도 열리는 법입니다. 전도를 어렵게 생각하면 절대 못 합니다. 내가 가지고 있는 그 은사를 사용하면 됩니다. 반드시 될 줄 믿습니다.

그런데 성전건축도 내가 가지고 있는 그것으로 하면 된다는 것입니다. 포로 이후 고향에 와보니까 뭐가 있습니까? 레바논의 백향목이 있습니까? 고급 자재가 있습니까? 금과 은이 있었습니까? 아무것도 없었습니다. 그런데 어떻게 했습니까? 가까운 산에 올라가서 나무를 베어다가 지으라는 것입니다. 가까이 있는 곳에 해답이 있습니다. 멀리서 해답을 찾지 마시기 바랍니다. 가장 가까운 곳에 해답이 있습니다.

성경에 보면 그런 경우는 참 많습니다. 오병이어의 기적을 베풀어주실 때도 한 소년의 오병이어를 안드레를 통해서 예수님께 가지고 나왔을 때, 예수님 손에 바쳐질 때, 오천 명을 먹이고 열두 광주리가 남는 기적이 일어났던 것입니다. 하나님은 오병이어를 사용하시는 분이십니다. 또한 과부의 두 렙돈을 사용하시는 분이십니다. 성전건축을 돈이 많고 재정이 넉넉해서 한다고 생각하면 우리는 절대로 못 할 것입니다. 그런데 오늘 본문에서 산의 나무로 건축하라는 것은 지금 내가 가지고 있는 그것으로 건축하면 된다는 것입니다. 믿으시기 바랍니다.

하나님은 축복을 주실 때 공중에서 떨어뜨리는 것이 아닙니다. 우리가 가지고 있는 오병이어를 바칠 때 오천 명을 먹이고 열두 광주리가 남는 기적을 베풀어주시는 것입니다. 과부의 두 렙돈을 바칠 때 가장 많이 바쳤다고 칭찬하시는 것입니다. 내게 있는 것으로 하면 됩니다. 먼저 내가 가지고 있는 오병이어를 바치시기 바랍니다. 내가 가지고 있는 두 렙돈을 바치시기 바랍니다. 그다음은 주님이 역사하실 줄 믿습니다.

셋째, 성전건축은 오직 성령의 감동하심으로 건축해야 됩니다.
학개 1장 14절을 봉독합니다. "여호와께서 스알디엘의 아들 유다 총독 스룹바벨의 마음과 여호사닥의 아들 대제사장 여호수아의 마음과 남은 모든 백성의 마음을 감동시키시매 그들이 와서 만군의 여호와 그들의 하나님의 전 공사를 하였으니". 총독 스룹바벨의 마음도 감동되었고, 대제사장 여호수아의 마음도 감동되었고, 온 백성의 마음도 감동되었던 것입니다. 같은 말, 같은 마음, 같은 뜻으로 하나 되어 성전을 건축하자고 일치가 된 것입니다. 이것이 얼마나 중요합니까? 마음이 같아진다는 것보다 더 중요한 것은 없습니다. 우리 그리스도인들은 성령 안에서 같은 마음을 가져야 할 줄 믿습니다. 성도의 마음이 합쳐지면 못할 일이 없습니다. 그러나 마음이 나누어지면 아무 일도 못 합니다. 콩가루 집안이요, 오합지졸이 될 수밖에 없습니다. 그러므로 언제나 같은 말, 같은 마음, 같은 뜻으로 하나 되어야 합니다.

그런데 어떻게 하면 하나 될 수 있습니까? 사도행전 1장 14절에서 이렇게 말합니다. "여자들과 예수의 어머니 마리아와 예수의 아우들과 더불어 마음을 같이하여 오로지 기도에 힘쓰더라". 교회가 하나 되는 비결은 기도밖에 없습니다. 초대교회 성도들이 마음을 같이하여 오로지 기도에 힘쓸 때 성령의 감동을 받았던 것입니다.

오늘 본문에 보면 마음이 세 번 나옵니다. 그런데 오늘 본문의 마음은 히브리어로 '레바브'가 아니라 영을 뜻하는 '루아흐'입니다. 루아흐는 성령이라는 뜻이 있습니다. 마음의 감동, 즉 성령의 감동을 받았다는 뜻입니다.

총독 스룹바벨도 성령의 감동을 받았고, 대제사장 여호수아도 성령의 감동을 받았고, 모든 백성들도 성령의 감동을 받았습니다. 성전건축의 대역사를 이룰 수 있었던 것은 인간의 힘이 아닙니다. 인간적인 노력이 아니었습니다. 성령의 감동을 받고 성령의 능력을 받고 하나 되어 기쁨으로 역사를 이루었던 것입니다. 오늘 우리 흰돌교회도 하나 될 수 있는 것은 마음을 같이하여 오로지 기도에 힘쓸 때 성령께서 감동을 주시고 능력을 부어주실 줄 믿습니다. 성전건축은 인위적으로 안 됩니다. 오직 성령의 감동을 받아야 가능합니다.

이번 성전건축이 단순히 예배당 건물만 짓는 건축이 되어서는 안 됩니다. 마음의 성전도 건축해야 합니다. 성령님을 모신 성도들 한 사람 한 사람이 성전입니다. "너희는 너희가 하나님의 성전인 것과 하나님의 성령이 너희 안에 계시는 것을 알지 못하느냐"(고전 3:16). 성령님을 모시고 삶 속에서 예수의 향기를 드러내야 합니다. 우리 눈도 예수, 입술도 예수, 손도 예수, 발도 예수, 마음도 예수, 작은 예수의 향기를 드러냅시다. 더 나아가서 요한계시록에 나오는 하늘의 성전도 건축해야 합니다. "이에 하늘에 있는 하나님의 성전이 열리니 성전 안에 하나님의 언약궤가 보이며"(계 11:19). 이번 성전건축을 통해서 단순히 건물의 성전, 즉 예배당만 건축하지 마시고, 마음의 성전도 잘 건축하고, 하늘의 성전까지 볼 수 있는 영안이 열리시기를 축복합니다.

하나님이 하셨습니다

◇◇◇◇◇◇

"그러나 여호와가 이르노라 스룹바벨아 스스로 굳세게 할지어다 여호사닥의 아들 대제사장 여호수아야 스스로 굳세게 할지어다 여호와의 말이니라 이 땅 모든 백성아 스스로 굳세게 하여 일할지어다 내가 너희와 함께 하노라 만군의 여호와의 말이니라. 너희가 애굽에서 나올 때에 내가 너희와 언약한 말과 나의 영이 계속하여 너희 가운데에 머물러 있나니 너희는 두려워하지 말지어다. 만군의 여호와가 이같이 말하노라 조금 있으면 내가 하늘과 땅과 바다와 육지를 진동시킬 것이요. 또한 모든 나라를 진동시킬 것이며 모든 나라의 보배가 이르리니 내가 이 성전에 영광이 충만하게 하리라 만군의 여호와의 말이니라. 은도 내 것이요 금도 내 것이니라 만군의 여호와의 말이니라. 이 성전의 나중 영광이 이전 영광보다 크리라 만군의 여호와의 말이니라 내가 이곳에 평강을 주리라 만군의 여호와의 말이니라"(학 2:4-9).

할렐루야! 오늘 50주년 기념 성전건축을 허락하시고 완공하게 해주신 하나님께 영광의 박수를 올려드립시다. 옆 사람 보시면서 서로 고백합시다. "하나님이 하셨습니다", "하나님이 하셨습니다".

지난 2019년 2월 18일 이 장소에서 성전건축 기공예배를 드린 것이 엊그제 같은데 어느덧 5개월 만인 오늘 7월 14일 주일에 아름다운 성전을 완공하고 입당예배를 드리게 되었습니다. 얼마나 감사합니까? 지난 2월 18일 월요일 아침에 기공예배를 드릴 때 주신 말씀이 오늘 본문과 똑같은 말씀이었습니다. 하나님께서 종에게 주신 말씀대로 이루어주신 줄 믿습니다.

첫째, 말씀을 통하여 하나님이 하셨습니다. 하나님은 큰일을 이루실 때 언제나 말씀을 주시고 그 말씀을 통하여 역사하시는 분이십니다. 50주년 기념 성전건축을 앞두고 하나님께서 저에게 학개서의 말씀을 주셨습니다. 학개서는 포로기 이후에 유다 공동체에게 주신 말씀인데 그중에서 다음 말씀이 금년도 우리 교회의 표어로 주신 말씀이었습니다. "너희는 성전을 건축하라"(학 1:8).

그런데 성전을 어떻게 건축해야 할지 걱정, 근심이 많았습니다. 그런데 그때 하나님께서 저에게 확신으로 주신 말씀이 바로 학개서 2장의 말씀이었습니다. "만군의 여호와의 말이니라"(학 2:9). 이 말로 끝나는 말씀입니다. 히브리어로는 "네움 아도나이(여호와) 체바오트". '여호와 체바오트(만군의 여호와)'라는 단어는 구약성경에 282회 나오는데 이스라엘 군대의 통솔자, 즉 군사령관이 되시는 하나님입니다. 전쟁을 승리하게 하시는 하나님을 뜻합니다. 다윗이 골리앗을 무찌를 때 이렇게 말합니다. "너는 칼과 창과 단창으로 내게 나아오거니와 나는 만군의 여호와의 이름으로 네게 나아가노라"(삼상 17:45). 만군의 여호와라는 이름을 사용할 때는 승리를 확신할 때 사용함을 알 수 있습니다.

　먼저 첫 번째, 학개 2장 4절에서 이렇게 말합니다. "내가 너희와 함께하노라 만군의 여호와의 말이니라"(학 2:4). 하나님이 우리 성전 건축에 함께하신다고 하니 얼마나 든든합니까? 성경에서 가장 중요한 주제 중의 하나는 임마누엘의 축복입니다. 임마누엘은 '하나님이 우리와 함께하시다(God with us)'는 말입니다. 믿음의 조상 아브라함도 하나님이 함께하시는 삶을 살았고, 이삭도 하나님이 함께하셨고, 야곱도 하나님이 함께했습니다. 요셉도 하나님이 함께하시니 어디에 가든지 형통하였던 것입니다. 모세도 하나님이 함께하셔서 출애굽의 대업을 이루었고, 여호수아도 하나님이 함께하셔서 가나안을 정복하였고, 사사들도 하나님이 함께했고, 사무엘과 다윗도 하나님이 함께하셨고, 여러 선지자들도 하나님이 함께하시는 사람들이었습니다. 신약 예수님의 제자들도, 사도바울도 하나님이 함께하는 사람들이었습니다. 성경의 모든 인물의 공통점은 임마누엘의 하나님과 동행했다는 것입니다. 오늘 우리와도 하나님은 함께하심을 믿으시기 바랍니다. 하나님이 함께하신다면 아무것도 걱정할 것이 없습니다.

　이번 성전건축도 전적으로 하나님이 함께하셨음을 믿으시기 바랍니다. 목수와 석수와 인테리어 전문가와 협력업체의 손길이 닿는 곳마다 하나님의 손이 함께해주셔서 좋은 작품이 나온 줄 믿습니다. 하나님의 손길이 구석구석 닿아서 오늘 이 시간 아름다운 성전

화목의 목회

에서 입당감사예배를 드리게 되었습니다.

　두 번째는 학개 2장 8절입니다. "은도 내 것이요 금도 내 것이니라 만군의 여호와의 말이니라". 무슨 말씀입니까? 은과 금, 즉 모든 물질의 주인은 하나님이시라는 것입니다. 물질은 하나님께서 다 책임져주시겠다는 말씀입니다. 리모델링에 필요한 물질을 하나님께서 채워주시겠다는 것입니다. 저는 확신합니다. 지금까지 하나님께서 채워주셨고, 앞으로도 채워주실 줄 믿습니다.

　세 번째는 학개 2장 9절입니다. "이 성전의 나중 영광이 이전 영광보다 크리라 만군의 여호와의 말이니라". 나중 영광은 스룹바벨 성전의 영광을 말하고, 이전 영광이라는 것은 솔로몬 성전의 영광을 말합니다. 사실 오늘 본문의 스룹바벨 성전은 포로기 이후에 지은 성전으로 솔로몬 성전보다 외형상 초라하고 볼품없는, 부족한 성전인데 하나님은 더 큰 영광을 주실 것이라고 약속하고 있습니다. 성전의 영광은 성전의 규모나 화려함이 아니라 성전에 하나님이 임재하실 때 영광이 더 크게 임한다는 것입니다. 믿으시기 바랍니다.

　그런데 '영광'이라는 단어를 히브리어로 보시면 '카보드'인데 본래의 뜻은 '무겁다'라는 뜻입니다. 하나님께 영광 돌린다는 것은 하나님을 무겁게 여기는 것입니다. 반대로 하나님께 영광 돌리지 못하는 것은 하나님을 소홀히 여기는 것입니다. 이 성전을 짓기 위해서 하나님께 영광 돌린다는 것은 우리의 몸을 바치고, 시간을 바치고, 물질을 바치고, 기도를 바치고, 헌신할 때 하나님은 영광을 받으시는 줄 믿습니다. 나의 가장 소중한 것을 드려서 하나님을 최우선 순위로 대하는 것이 영광을 돌리는 것입니다.

네 번째는 학개 2장 9절입니다. "내가 이곳에 평강을 주리라 만군의 여호와의 말이니라". 하나님께서 임재하시는 곳에는 큰 평안이 있습니다. '평강'이란 단어는 히브리어로 '샬롬'입니다. 오늘 이 성전에 오실 때마다 하나님의 샬롬이 넘치는 축복이 임하시기를 바랍니다. 복 중의 복은 샬롬의 복입니다. 성전건축 시작부터 진행하고 마칠 때까지 여러 번 고비가 있었지만 하나님께서는 샬롬의 복을 우리들에게 부어주셨습니다. 옆 사람 보시면서 "샬롬" 해봅시다. "샬롬". 이곳에 오셔서 예배드릴 때도 "샬롬", 교제 나눌 때도 "샬롬", 봉사할 때도 "샬롬", 샬롬이 넘치는 흰돌교회가 되기를 바랍니다. 성전건축은 잘했지만 샬롬이 없다면 무슨 소용이 있겠습니까? 우리 흰돌교회는 싸우지 말고 항상 평안하고 화목한 샬롬공동체가 되기를 축복합니다. 한경직 목사님은 "교회는 교인들끼리 싸우지 않고 화목하기만 하면 저절로 부흥합니다"라고 했습니다. 저는 한경직 목사님에게 이 말씀을 배운 후 저의 목회 철학 1호로 삼고 지금까지 달려오고 있습니다. 앞으로도 우리 흰돌교회는 화목한 교회, 화목한 성도, 평안한 교회, 샬롬의 교회가 되어야 할 줄 믿습니다.

"그리하여 온 유대와 갈릴리와 사마리아 교회가 평안하여 든든히

화목의 목회

서 가고 주를 경외함과 성령의 위로로 진행하여 수가 더 많아지니라"(행 9:31). 교회가 평안한 샬롬의 공동체가 될 때 그 결과 자연히 교회는 부흥하게 되었다는 것입니다. 화목이 부흥의 비결임을 잘 알 수 있습니다.

둘째, 기도를 통하여 하나님이 하셨습니다. "너는 내게 부르짖으라 내가 네게 응답하겠고 네가 알지 못하는 크고 은밀한 일을 네게 보이리라"(렘 33:3). 성전건축은 온 성도가 부르짖는 기도를 통하여 하나님이 아름답게 완공하게 하신 줄 믿습니다. 부르짖는 기도는 가장 성경적인 기도요, 우리 한국교회의 자랑이었습니다.

김천시에 가면 용문산기도원이 있는데 나라와 민족을 위해 365일 24시간 쉬지 않고 기도하는 구국제단이 있습니다. 1963년 4월 30일 새벽 1시부터 지금까지 기도의 불이 꺼지지 않는 곳입니다. 그곳에는 중보기도자들이 지켜야 할 7가지 수칙이 있다고 합니다. 30분 전에 미리 대기하면서 기도로 준비할 것, 기도복을 입을 것, 이름을 기록할 것, 정각에 신호봉을 올릴 것, 헌금함에 헌금을 드릴 것, 발성으로 나라와 민족을 위해 기도할 것, 신호봉이 울릴 때까지 기도할 것 등입니다.

여기서 주목할 것은 반드시 발성으로 기도하라는 것입니다. 발성기도란 소리를 내어서 기도하는 것으로 오늘날의 통성기도를 의미합니다. 기도하는 방법은 다양한데 통성으로 기도하라는 것은 통성기도에 특별한 능력이 있기 때문입니다. 한국교회는 그동안 통성으로 부르짖는 기도를 통하여 강력한 영적 능력을 경험해왔습니다. 교회들마다 부흥회를 하면 병 고침의 기적과 문제 해결의 기적이 나타나고, 기도원마다 사람들로 가득 찼습니다. 그런데 안타깝게도 1990년대 이후 한국교회는 부르짖는 기도의 야성을 점점 잃어가고 있다는 것입니다. 기도를 대신하는 다양한 방법들이 소개되면서 정작 가장 소중한 통성기도의 영적 자산을 잃고 있다는 것입니다.

평양을 동방의 예루살렘이라 불리게 했던 1907년 평양대부흥운동 당시 맥퀸 선교사가 선교보고서에서 한국의 통성기도를 이렇게 기록하였습니다. "예배당 안은 '기도합시다!'라는 말이 떨어지기 무섭게 하나님께 기도하는 소리들로 가득 찼다. 예배당 안에 있는 성도 대부분이 큰 소리로 기도를 드리고 있었다. 놀라운 광경이었다. 어떤 이는 울며 기도했고, 어떤 이는 하나님께 자신의 죄목을 나열해가며 용서를 빌었다. 모두가 성령충만을 간구하고 있었다. 많은 소리가 있었는데 전혀 혼란스럽지 않았다. 모두가 일사불란했고 완전한 조화를 이루었다". 이를 조나단 에드워즈는 말하기를 기도콘서트, 즉 기도합주회라고 불렀습니다. 기도합주회가 어떠한 오케스트라보다 더 아름답게 하나님께 상달되는 연주회라는 것입니다. 큰소리와 작은 소리, 높은 소리와 낮은 소리, 남성의 목소리와 여성의 목소리, 젊은 사람의 목소리와 연세 드신 분의 목소리, 일반기도와 방언기도 모든 기도가 다양한 목소리였지만 하나님께 올려드리는 일사불란한 합주회처럼 조화롭게 하늘로 올라갔다는 것입니다.

저는 우리 흰돌교회가 새벽마다 기도합주회를 올리고 있다고 믿습니다. 뿐만 아니라 수요일과 금요심야기도회마다 기도합주회가 뜨겁게 올라가고 있습니다. 특별히 성전건축 공사 기간 시행된 화목기도회(화요일과 목요일 저녁기도회)를 통해서 저녁마다 뜨겁게 기도합주회를 드렸는데 하나님께서 기쁘게 받아주신 줄 믿습니다. 기도를 통하여 하나님께서 성전건축을 다 이루어주신 줄 믿습니다. 기도하면 하나님이 일하십니다. 기도는 축복입니다. 기도는 능력입니다. 기도는 응답입니다. "너는 내게 부르짖으라 내가 네게 응답하겠고 네가 알지 못하는 크고 은밀한 일을 네게 보이리라"(렘 33:3). 부르짖어 기도할 때 반드시 사람이 알지 못하는 크고 은밀한 방법으로 하나님께서 응답해주실 것입니다. 기도하면 하나님이 일하십니다. 할렐루야!

셋째, 사람을 통하여 하나님이 하셨습니다. 말씀을 붙잡고 기도할 때 하나님은 사람을 보내주셔서 일하게 하십니다. 그래서 중국 선교의 아버지 허드슨 테일러는 말하기를 "하나님의 방법은 사람입니다"라고 간증했던 것입니다. 하나님은 언제나 사람을 통해서 역사하십니다. 물질문제로 고통받고 있을 때 기도하면 공중에서 돈다발이 떨어지는 것이 아니라 사람을 통해서 도움의 손길을 주십니다. 언제나 하나님은 사람을 통해서 역사하십니다.

우리 흰돌교회 성전건축도 하나님이 하셨는데 그냥 하신 것이 아니라 사람을 통해서 하셨다는 것입니다. 하나님 마음에 합한 사람을 사용해서 다 이루어주셨습니다. 성막을 건축할 때도 브살렐과 오홀리압과 같은 좋은 기술자를 사용해서 건축하게 하셨던 것입니다. 솔로몬 성전을 건축할 때도 장인 히람이라는 기술자를 사용해서 건축하셨습니다. 하나님의 방법은 사람입니다. 우리 교회도 사닥다리 종합건설회사를 만나게 해주셔서 모든 공사를 책임시공으로 큰 어려움 없이 잘 건축하게 하셨습니다. 음향과 영상과 조명과 냉난방 등 좋은 협력업체를 만나게 해주셔서 무리 없이 잘 건축해주셨습니다. 뿐만 아니라 매일 같이 나와서 헌신하신 건축위원장을 비롯한 건축위원들을 사용하여 완공하신 줄 믿습니다. 정말 목회자가 봐도 고맙고 엎어드리고 싶은데 하나님의 마음은 어떠시겠습니까? 큰 축복을 부어주실 줄 믿습니다. 그리고 공사 기간 나와서 건축위원들을 도와주신 남녀 종들의 헌신을 사용해서 하나님께서 건축하신 줄 믿습니다. 시간마다 중보기도해주신 성도님들과 어려운 중에도 생명 같은 물질을 바쳐서 헌신하신 성도님들의 값진 헌금을 통하여 건축을 이루어주신 줄 믿습니다.

성전건축을 통한 하나님의 축복이 여러분의 가정, 후손, 생업, 건강, 모든 삶 속에 다 넘치시기를 축원합니다. 하나님께서는 성전을 건축한 종들을 축복하십니다. 다윗과 같은 분은 성전건축을 허락받지 못하고 준비만 했는데도 축복을 받았습니다. 그 마음만 가져도 축복하셨던 것입니다. 그런데 우리는 성전건축을 허락받고 성전건축을 무사히 마치니 얼마나 감사합니까? 다윗보다 더 큰 복을 받은 줄 믿습니다.

화목의 목회

이제 우리에게 주어진 과제가 있습니다. 이제 우리 교회는 내년도에 50주년, 즉 희년을 맞이하게 됩니다. 희년이라는 것은 성경에서 회복과 새로운 출발을 상징합니다. 그동안 49년을 돌아보면서 완전히 새롭게 시작하는 것입니다. 그렇다면 우리 자신을 돌아보아야 할 것입니다. 성전건물만 지은 것으로 만족하면 안 됩니다. 어떤 면에서 보면 예배당 건물을 지은 것입니다. 더 중요한 것은 예배당 건물로서의 성전건축보다 내 마음의 성전을 건축하는 것입니다. 우리 마음의 성전을 돌아보시기 바랍니다.

미움과 시기와 다툼과 분쟁과 분열과 모든 옛 성품은 십자가에 못 박고 완전히 새로운 마음으로 거듭납시다. 사랑, 희락, 화평, 오래 참음, 자비, 양선, 충성, 온유, 절제라는 성령의 아홉 가지 열매를 맺으시기 바랍니다. 이 성령의 아홉 가지 열매를 한마디로 요약하면 저는 예수님의 성품이라고 깨닫게 되었습니다. 예수님의 모습이 나를 통해서 열매로 드러나야 합니다.

그러기 위해서는 나는 죽고 예수로 살아야 합니다. "내가 그리스도와 함께 십자가에 못 박혔나니 그런즉 이제는 내가 사는 것이 아니요 오직 내 안에 그리스도께서 사시는 것이라"(갈 2:20). 한번 따라 합시다. "나는 죽고 예수로 삽시다", "내가 죽으면 가정이 삽니다", "내가 죽으면 교회가 삽니다", "내가 죽으면 이웃이 복을 받습니다".

아브라함이 가는 곳에 조카 롯이 복을 받았고, 야곱이 가는 곳에 외삼촌 라반의 집이 복을 받았고, 요셉이 가는 곳에 보디발의 집이 복을 받고 나중에는 애굽 전체가 복을 받았던 것입니다. 오늘 우리가 가는 곳마다 이러한 복이 나타나야 할 줄 믿습니다. 이것이 우리 마음의 성전을 건축하는 것입니다.

더 나아가서 보이지 않는 하나님의 성전도 볼 수 있는 눈이 열리시기를 바랍니다. 하늘에 있는 하나님의 성전이 있습니다. "이에 하늘에 있는 하나님의 성전이 열리니"(계 11:19). 오늘 이 시간 하늘에 있는 하나님의 성전이 열리시기 바랍니다. 영안이 열리시기 바랍니다.

오늘 3부 예배 시에 입당감사예배를 통해서 영유아 유치부로부터 초등부와 소년부와 중등부와 고등부 그리고 청년부와 모든 장년과 노년의 찬양을 통해서 지금 이곳이 천국에 있는 성전을 경험하는 시간이 된 줄 믿습니다. 천국은 영원히 하나님을 찬양하는 곳이기 때문입니다.

우리 옆 사람 보시면서 한 번 더 격려합시다. "하나님이 하셨습니다", "말씀을 통하여 하나님이 하셨습니다", "기도를 통하여 하나님이 하셨습니다", "사람을 통하여 하나님이 하셨습니다".

영혼의 어두운 밤에

◇◇◇◇◇◇◇

"여호와여 어찌하여 멀리 서시며 어찌하여 환난 때에 숨으시나이 까. 악한 자가 교만하여 가련한 자를 심히 압박하오니 그들이 자기가 베푼 꾀에 빠지게 하소서. 악인은 그의 마음의 욕심을 자랑하며 탐욕을 부리는 자는 여호와를 배반하여 멸시하나이다. 악인은 그의 교만한 얼굴로 말하기를 여호와께서 이를 감찰하지 아니하신다 하며 그의 모든 사상에 하나님이 없다 하나이다. 그의 길은 언제든지 견고하고 주의 심판은 높아서 그에게 미치지 못하오니 그는 그의 모든 대적들을 멸시하며. 그의 마음에 이르기를 나는 흔들리지 아니하며 대대로 환난을 당하지 아니하리라 하나이다. 그의 입에는 저주와 거짓과 포악이 충만하며 그의 혀 밑에는 잔해와 죄악이 있나이다. 그가 마을 구석진 곳에 앉으며 그 은밀한 곳에서 무죄한 자를 죽이며 그의 눈은 가련한 자를 엿보나이다. 사자가 자기의 굴에 엎드림 같이 그가 은밀한 곳에 엎드려 가련한 자를 잡으려고 기다리며 자기 그물을 끌어당겨 가련한 자를 잡나이다. 그가 구푸려 엎드리니 그의 포악으로 말미암아 가련한 자들이 넘어지나이다. 그가 그의 마음에 이르기를 하나님이 잊으셨고 그의 얼굴을 가리셨으니 영원히 보지 아니하시리라 하나이다. 여호와여 일어나옵소서 하나님이여 손을 드옵소서 가난한 자들을 잊지 마옵소서. 어찌하여 악인이 하나님을 멸시하여 그의 마음에 이르기를 주는 감찰하지 아니하리라 하나이까. 주께서는 보셨나이다 주는 재앙과 원한을 감찰하시고 주의 손으로 갚으려 하시오니 외로운 자가 주를 의지하나이다 주는 벌써부터 고아를 도우시는 이시니이다. 악인의 팔을 꺾으소서 악한 자의 악을 더 이상 찾아낼 수 없을 때까지 찾으소서. 여호와께서는 영원무궁하도록 왕이시니 이방 나라들이 주의 땅에서 멸망하였나이다. 여호와여 주는 겸손한 자의 소원을 들으셨사오니 그들의 마음을 준비하시며 귀를 기울여 들으시고. 고아와 압제당하는 자를 위하여 심판하사 세상에 속한 자가 다시는 위협하지 못하게 하시리이다"(시10:1-18).

할렐루야 주님의 이름으로 문안드립니다. 오늘 각 가정에서 온라인 예배를 드리시는 모든 성도님들에게 하나님의 축복이 넘치시기를 축원합니다. 비록 인터넷으로 온라인 예배를 드리지만 마음과 정성을 다하여 사모하는 마음으로 드릴 때 사모하는 자에게 만족하게 채워주실 줄 믿습니다.

오늘 본문 시편 10편은 환난 중에 드리는 기도문입니다. 기도는 두 가지로 나눌 수 있습니다. 하나는 솔직한 기도와 다른 하나는 거룩한 기도입니다. 예수님이 겟세마네 동산에서 기도하실 때도 참 솔직하게 기도하셨습니다. "아버지여 할 수만 있거든 이 잔을 내게서 거두시옵소서"(눅 22:42). 얼마나 솔직한 기도입니까? 육신을 입고 오신 예수님은 십자가를 지는 것이 싫으셨습니다. 그래서 할 수만 있거든 이 잔을 거두어달라고 솔직하게 요청하고 있는 것입니

화목의 목회

다. 그러나 그다음 구절이 거룩한 기도입니다. "그러나 내 원대로 마옵시고 아버지의 원대로 되기를 원하나이다"(눅 22:42). 이것이 거룩한 기도입니다. 그런데 저는 솔직한 기도가 참 좋습니다. 내 마음 속에 있는 속마음을 그대로 하나님께 드리는 것이 기도입니다.

오늘 본문의 시인도 하나님께 솔직하게 자신의 심정을 토로하고 있습니다. 시편 10편 1절을 다 함께 봉독합니다. "여호와여 어찌하여 멀리 서시며 어찌하여 환난 때 숨으시나이까". 오늘 본문에서 시인은 하나님을 향해서 항변하고 있습니다. "어찌하여 멀리 서시며 어찌하여 환난 때 숨으시나이까?" 하나님께서 멀리 계신 것 같고, 하나님께서 숨어계신 것 같다고 솔직하게 말하고 있는 것입니다. 이것이 바로 솔직한 기도입니다.

캘커타의 성녀 테레사 수녀도 이러한 시기를 겪었다고 합니다. 하나님이 안 계신 것 같다는 생각에 사로잡히는 영혼의 침체기입니다. 이것을 16세기 스페인의 신비주의자 십자가의 성 요한은 영혼의 어두운 밤이라고 불렀습니다. 한번 따라 합니다. "영혼의 어두운 밤". 얼마나 고난이 극심하면 하나님이 안 계신 것 같은 마음이 들었을까요? 얼마나 답답하면 그런 생각이 들겠습니까?

고난도 적당해야지 너무 극심한 고난을 당하면 사실 기도도 안 나옵니다. 너무 답답하니까 기도해야 하는 줄 알지만 기도도 안 됩니다. 그리고 하나님이 안 계신 것과 같은 영혼의 어두운 밤을 지새

우게 되는 것입니다. 영혼의 어두운 밤을 통과할 때 우리는 어떻게 그 어두운 밤을 통과할 수 있습니까?

첫째, 영혼의 어두운 밤을 지나면 반드시 밝은 새 아침이 온다는 것을 잊지 말아야 합니다. 어두운 밤이 지나면 반드시 아침이 오기 마련입니다. 우리가 겪고 있는 고난은 결코 동굴이 아닙니다. 동굴이 아니라 터널이라는 사실을 잊지 마시기 바랍니다. "고난은 동굴이 아니라 터널입니다". 동굴은 앞이 꽉 막힌 것입니다. 그러나 터널은 끝이 있습니다. 조금만 더 지나면 한 줄기 빛이 비치고 결국 어두운 터널을 빠져나오게 될 것입니다. 그래서 희망이 있습니다.

지금 우리 앞에 있는 코로나 19의 어두운 터널도 끝이 있는 줄 믿습니다. 동굴은 꽉 막힌 것이지만 터널은 뚫려있다는 것입니다. 어두운 터널을 통과할 때 저 멀리 보이는 한 줄기 빛을 보면서 희망을 가지시기 바랍니다.

"다만 이뿐 아니라 우리가 환난 중에도 즐거워하나니 이는 환난은 인내를, 인내는 연단을, 연단은 소망을 이루는 줄 앎이로다"(롬 5:3-4). "환난은 인내를, 인내는 연단을, 연단은 소망을 이룬다"고 했습니다. 이러한 과정에서 우리 신앙은 더욱 굳세게 된다는 것입니다. 비 온 뒤에 땅이 더 굳어지듯이 오히려 흔들리지 않게 되는 것입니다. 왜 이러한 고백을 할 수 있습니까? 바로 그다음 절에 해답이 있습니다.

"소망이 우리를 부끄럽게 하지 아니함은 우리에게 주신 성령으로 말미암아 하나님의 사랑이 우리 마음에 부은 바 됨이니"(롬 5:5). 성령으로 말미암아 하나님의 사랑이 우리 마음에 부은 바 되었다고 고백하고 있습니다. 하나님의 사랑을 믿습니까? 믿으시기 바랍니다. 하나님은 사랑이십니다. 하나님은 반드시 우리를 사랑하시고 지켜주실 것입니다.

「모래 위의 발자국」이라는 시가 있습니다. 제가 오래전에 이 시를 처음 읽고 큰 감동을 받은 일이 있었는데 오늘 여러분에게 한번 소개하려고 합니다. 아시는 분도 한 번 더 들으시기 바랍니다. 제가 낭독해드리겠습니다.

모래 위의 발자국

어느 날 한 사람이 꿈을 꾸었습니다.
꿈속에서 그는 해변을 주님과 거닐고 있었습니다.
하늘을 가로질러 그의 인생의 지난 장면들이
번쩍이며 지나가고 있었습니다.
매 장면마다, 모래 위에 새겨진 두 사람의
발자국을 보았는데 하나는 주님의 것이었고
하나는 그의 것이었습니다.

그는 그의 인생의 마지막 장면이 지날 때
모래 위에 새겨진 발자국들을 뒤돌아보았습니다.

많은 시간에 그는 그의 인생의 뒤안길에서
오직 한 사람의 발자국만이 남은 것을 보았습니다.

더욱이 그것은 그의 인생에서 가장 힘들고 슬펐던
시간들에 생겼던 것을 알 수 있었습니다.

너무도 의아한 그는 주님께 그 이유를 물었습니다.

"주님, 제가 주님을 따르기로 작정했을 때 주님이 말씀
하시기를 저와 영원까지 함께하시겠다고 하셨지요.
그러나 내 인생에서 가장 문제 많았던 시간에는 오직
단 한 사람의 발자국만 새겨져 있군요.
이해할 수 없는 것은 왜 제가 주님을 가장 필요로 할 때
주님은 저를 떠나셨었나요?"

주님은 대답하시기를,
"나의 보배로운 자녀야, 나는 너를 사랑하고
또 단 한 번도 너를 떠난 적이 없단다.
네가 시험과 고난을 지나는 동안에 볼 수 있는
단 하나의 발자국은, 내가 너를 업고 갔기 때문이란다."

우리가 가장 힘든 순간은 하나님께서 우리를 업고 계심을 믿으시기 바랍니다. 이 시인의 고백이 성경에도 나옵니다. "야곱의 집이여 이스라엘 집에 남은 모든 자여 내게 들을지어다 배에서 태어남으로부터 내게 안겼고 태에서 남으로부터 내게 업힌 너희여. 너희가 노년에 이르기까지 내가 그리하겠고 백발이 되기까지 내가 너희를 품

을 것이라 내가 지었은즉 내가 업을 것이요 내가 품고 구하여 내리라"(사 46:3-4). 하나님께서 택한 백성을 버리지 아니하시고 끝까지 품어주시고 업어주시고 구하여주신다는 약속의 말씀입니다. 이 약속의 말씀을 의심하지 말고 믿으시기 바랍니다. 가장 어려운 순간에는 업어서 인도하신다는 것입니다.

하나님은 영원히 우리와 함께하십니다. "두려워하지 말라 내가 너와 함께함이라 놀라지 말라 나는 네 하나님이 됨이라 내가 너를 굳세게 하리라 참으로 너를 도와주리라 참으로 나의 의로운 오른손으로 너를 붙들리라"(사 41:10). 예수님께서도 말씀하셨습니다. "볼지어다 내가 세상 끝날까지 너희와 항상 함께 있으리라"(마 28:20). 영혼의 어두운 밤을 만나신 분이 있습니까? 어두운 밤을 통과하면 반드시 밝은 아침이 옵니다. 임마누엘의 하나님, 임마누엘의 예수님을 의지하고 잘 통과하시기 바랍니다.

둘째, 하나님이 안 계신 것 같을 때는 더욱 큰 소리로 부르짖어 기도해야 합니다. 시편 10편 12절을 봉독합니다. "여호와여 일어나옵소서 하나님이여 손을 드옵소서 가난한 자들을 잊지 마옵소서". "여호와여 일어나옵소서!"라는 것은 기도에서 중요한 내용입니다. 이러한 기도를 하나님을 깨우는 기도라고 부릅니다. 하나님은 전지전능하시고 졸지도 주무시지도 않는 분이십니다. "이스라엘을 지키시는 이는 졸지도 아니하시고 주무시지도 아니하시리로다"(시 121:4). 하나님은 졸지도 않고 주무시지도 않으시는 전능하신 분이십니다. 그런데 우리가 하나님을 깨운다는 것이 논리상 맞지 않습니다. 그러나 우리 인간 편에서는 가능한 일입니다. 인간은 약한 존재입니다. 인간이 할 수 있는 것은 하나님을 깨우는 것입니다. 그것이 바로 기도의 세계입니다. 기도의 세계에서는 하나님을 깨운다는 말이 틀린 말이 아닙니다.

예를 들어보겠습니다. 제자들이 갈릴리 바다에서 예수님과 함께 배를 타고 건너는데 큰 풍랑이 일어났습니다. 예수님은 배 뒤편에서 곤하게 주무시고 있었습니다. 그때 제자들이 예수님을 깨웠습니다. "예수님, 예수님, 일어나세요. 우리가 죽게 되었나이다". 참 제자들 못 됐습니다. 지금 주무시는 주님이 죽게 된 것은 생각하지 않고 자신들만 살려달라고 합니다. "예수님, 위험하십니다. 일어나십시오"가 아니라 "우리가 죽게 되었나이다". 하여간 자신들만 생각하는 것은 그 당시 제자들의 모습이나 오늘 우리의 모습이나 별반 다를 바가 없습니다. 그러나 어쨌든 제자들에게 배울 점은 예수님을 깨웠다는 것입니다. 이것이 기도입니다. 기도는 주님을 깨우는 것입니다. "일어나소서! 우리가 죽게 되었나이다" 이것이 정말 우리에게 필요한 기도라는 것입니다.

오늘 우리도 인생의 항해 도중에 풍랑이 왔을 때는 주님께 도움을 청하시기 바랍니다. 특별히 주님을 흔들어 깨우듯이 기도하시기 바랍니다. 기도에 체면이 어디 있습니까? 기도는 살려달라고 부르짖는 것입니다.

화목의 목회

어떤 청년이 여름수련회에 참석했습니다. 바닷가에 수련회를 갔습니다. 그런데 이 청년이 목사님에게 기도를 가르쳐달라고 요청했습니다. 그랬더니 목사님이 청년을 튜브에 태우고 바다 깊은 곳으로 데리고 갔습니다. 그런데 갑자기 청년을 깊은 바다에 빠뜨리는 것입니다. 이 청년은 수영을 하지 못했습니다. 죽을 힘을 다해서 살려달라고 해서 간신히 튜브를 잡고 살아났습니다. 청년은 육지로 올라와서 항의했습니다. "아니, 목사님 기도를 가르쳐달라고 했는데 왜 저를 물에 빠뜨렸습니까? 죽을 뻔했잖아요?"라며 막 따졌습니다. 그때 목사님이 말하기를 "형제, 그게 바로 기도야. 기도라는 것은 물에 빠진 사람이 살려달라고 몸부림치는 것이야".

여러분, 일리가 있지 않습니까? 기도는 물에 빠진 사람이 간절히 살려달라고 요청하는 것과 같습니다. 물에 빠진 사람이 체면이 어디 있습니까? 고상하게 미사여구를 쓰면서 도움을 요청하는 사람이 어디 있습니까? 절박하게 "사람 살려!!"라고 외쳐야 합니다. 우리도 절박한 상황에서 "하나님 살려주세요"라며 부르짖는 것이 기도라는 것입니다.

시편 10편 12절을 봉독합니다. "여호와여 일어나옵소서 하나님이여 손을 드옵소서". 기도는 절박한 마음으로 하나님을 깨우는 것입니다. 하나님께서 손을 들어 개입해주시기를 요청하는 것입니다. 기도는 응답을 달라고 간청하는 것입니다. 응답해도 좋고 안 해도 좋다는 식의 기도가 아닙니다. 지금 빨리 응답해달라는 요청이 바로 기도라는 것입니다. 그래서 기도는 등 따시고 배부르면 안 한다는 것입니다. 절박하고 힘든 문제가 있을 때 기도하게 됩니다. 이것은 틀림없습니다. 지금 우리는 절박한 상황입니다. 교회 창립 50주년인데 코로나 19로 말미암아 초유의 사태로 온라인 예배를 드리고 있습니다. 예배뿐 아니라 일상생활도 완전히 바꾸어 놓았습니다. 사람들을 만나는 것을 극도로 꺼리고 있습니다. 경제적인 타격은 말할 것도 없습니다. 자영업을 운영하시는 분들은 가장 큰 타격을 입고 있습니다. 얼마나 안타까운 일입니까? 이러한 기간이 더 길어진다면 더 큰 타격을 입게 될 것입니다. 그러므로 우리는 절박한 마음을 가지고 하나님의 이름을 부르면서 부르짖고 기도해야 할 때입니다. 119기도를 기억하시기 바랍니다. 하루 한 번 한마음으로 저녁 9시에 뜨겁게 기도하시기 바랍니다. 그 시간에 공동기도문을 읽고 기도하시기 바랍니다. 자유롭게 성령의 감동하심에 따라 각자가 있는 처소에서 기도하시기 바랍니다. 기도할 때 하나님은 크고 은밀한 일을 보여주실 것입니다. "너는 내게 부르짖으라 내가 네게 응답하겠고 네가 알지 못하는 크고 은밀한 일을 네게 보이리라"(렘 33:3).

셋째, 하나님은 겸손한 자의 기도를 다 들어주시는 분이십니다.
시편 10편 17절을 봉독합니다. "여호와여 주는 겸손한 자의 소원을 들으셨사오니 그들의 마음을 준비하시며 귀를 기울여 들으시고". 하나님은 겸손한 자의 소원을 다 들어주신다고 말씀하고 있습니다.

화목의 목회

우리가 기도할 때 조심할 점은 바리새인의 기도가 되지 않도록 주의해야 합니다. 바리새인은 자신이 의롭다고 착각했습니다. 얼마나 교만했습니까? 기도는 교만한 자는 할 수 없는 것입니다. 왜 그렇습니까? 기도는 자기 죄를 발견하는 현미경과 같기 때문입니다. 어제는 내 죄가 10배로 보였다면, 오늘은 15배로 더 크게 보이고 내일은 20배로 점점 더 크게 보이는 것입니다.

사랑하는 여러분! 사도바울을 보세요. 처음에 사도바울은 이렇게 고백했습니다. "나는 사도 중에 가장 작은 자라"(고전 15:9). 그런데 좀 지난 후에는 이렇게 고백했습니다. "모든 성도 중에 지극히 작은 자보다 더 작은 나"(엡 3:8). 그리고 말년에는 이렇게 고백했습니다. "죄인 중에 내가 괴수니라"(딤전 1:15). 주님께 가까이 가면 갈수록 자신의 허물과 죄가 드러나는 것입니다. 예수를 믿으면 믿을수록 더 겸손해야 합니다.

기도하면 할수록 더 겸손해지는 모습입니다. 기도 좀 한다고 교만하면 그것은 진정한 기도자의 모습이 아닙니다. 정말 기도하는 사람은 말이 없습니다. 자신이 죄인임을 알기에 더 이상 주장할 것이 없습니다. 사도바울처럼 늘 겸손히 주님만 의지하는 것입니다.

그래서 베드로도 처음 주님을 만났을 때 무엇이라고 고백합니까? "주여, 나를 떠나소서. 나는 죄인이로소이다"(눅 5:8). 얼마나 솔직한 고백이었습니까? 빛 되신 주님께 가까이 가면 갈수록 내 죄가 더 분명하게 드러나기 때문입니다.

캄캄한 밤중에 지하실에서는 먼지가 얼마나 많은지 보이지 않습니다. 그러나 낮이 되어서 햇빛이 비치는 순간 지하실 공기 중에 먼지가 얼마나 많은지 보이지 않습니까? 빛 되신 주님께 가까이 가면 갈수록 우리의 허물과 죄가 드러나는 것과 같은 이치입니다. 그러므로 우리는 기도하면 할수록, 주님께 가까이 가면 갈수록 교만할 수 없는 것입니다. 하나님 앞에 결코 머리 들 수 없는 죄인임을 고백할 수밖에 없습니다. 그래서 세리는 가슴을 치며 통곡했던 것입니다. 그러나 바리새인은 교만하여 유창한 기도를 했지만 하나님은 그 기도를 받지 않으셨습니다. 사랑하는 여러분! 세리의 기도를 드릴지언정 결코 바리새인의 기도를 드리지 마시기 바랍니다.

기도에서 가장 중요한 것은 겸손입니다. 우리는 겸손해야 합니다. 하나님은 교만한 자를 물리치시고 겸손한 자에게 은혜를 베푸시는 분이십니다. 그러므로 첫째도 겸손, 둘째도 겸손, 셋째도 겸손해야 합니다. 겸손하면 반드시 응답해주십니다.

하나님은 교만한 자의 기도를 물리치시고 겸손한 자의 기도를 들으십니다. 시편 10편 18절을 봉독합니다. "고아와 압제당하는 자를 위하여 심판하사 세상에 속한 자가 다시는 위협하지 못하게 하시리이다". 성경에서 고아와 과부와 나그네는 가장 연약한 자들로서 사회적 약자의 대표자들입니다. 하나님은 이러한 자의 기도를 외면하지 않으시고 반드시 들어주신다는 것입니다. 하나님은 겸손한 자의 기도를 들으십니다. 교만한 자의 기도를 물리치시고 겸손한 자의 기도를 잘 들어주십니다.

시편 10편 14절도 봉독합니다. "주께서는 보셨나이다 주는 재앙과 원한을 감찰하시고 주의 손으로 갚으려 하시오니 외로운 자가 주를 의지하나이다 주는 벌써부터 고아를 도우시는 이시니이다". 주님께서는 연약한 고아를 도우시는 분이십니다. 그래서 성경에 보면 이렇게 나와 있습니다. "하나님은 고아의 아버지시며 과부의 재판장이시라(시 68:5)". 따라 합니다. "하나님은 고아의 아버지요, 과부의 재판장이십니다".

그러므로 우리는 연약한 자일수록 더욱 하나님께 나와서 기도해야 합니다. 하나님은 다 보고 계십니다. 다 듣고 계십니다. 다 알고 계십니다. 하나님 아시지요? 하나님 보셨지요? 하나님 들으셨지요? 사람은 몰라도 하나님은 코로나 19를 다 알고 계십니다. 지난날의 우리의 교만을 내려놓고 겸손히 엎드려 기도합시다. 합심하여 같이 기도합시다. 이 시간 다 같이 통성으로 각자의 처소에서 뜨겁게 합심하여 기도합시다. "주여, 흰돌교회를 불쌍히 여겨주시옵소서", "주여, 한국교회를 불쌍히 여겨주시옵소서", "주여, 우리 대한민국을 불쌍히 여겨주시옵소서", "주여, 전 세계인들을 불쌍히 여겨주시옵소서".

코로나의 환난을 통과하는 비결

◇◇◇◇◇◇◇

"어두울 때 퍼지는 전염병과 밝을 때 닥쳐오는 재앙을 두려워하지
아니하리로다. 천 명이 네 왼쪽에서 만 명이 네 오른쪽에서 엎드러지
나 이 재앙이 네게 가까이하지 못하리로다. 오직 너는 똑똑히 보리니
악인들의 보응을 네가 보리로다. 네가 말하기를 여호와는 나의 피난처
시라 하고 지존자를 너의 거처로 삼았으므로. 화가 네게 미치지 못하
며 재앙이 네 장막에 가까이 오지 못하리니. 그가 너를 위하여 그의 천
사들을 명령하사 네 모든 길에서 너를 지키게 하심이라. 그들이 그들
의 손으로 너를 붙들어 발이 돌에 부딪히지 아니하게 하리로다. 네가
사자와 독사를 밟으며 젊은 사자와 뱀을 발로 누르리로다. 하나님이
이르시되 그가 나를 사랑한즉 내가 그를 건지리라 그가 내 이름을 안
즉 내가 그를 높이리라. 그가 내게 간구하리니 내가 그에게 응답하리
라 그들이 환난 당할 때에 내가 그와 함께 하여 그를 건지고 영화롭게
하리라. 내가 그를 장수하게 함으로 그를 만족하게 하며 나의 구원을
그에게 보이리라 하시도다"(시91:6-16).

할렐루야! 오늘도 복된 날입니다. 하나님의 크신 축복이 여러분
의 가정과 생업 가운데 넘치시기를 축복합니다. 코로나가 발생한
후 어느덧 1년의 세월이 흘렀습니다. '위드 코로나(With Corona)'라

화목의 목회

는 말처럼 이제는 코로나와 함께 살아가야 하는 시대가 되었습니다. 이제는 마스크를 벗고는 바깥에 나갈 수도 없게 되었고 그것을 당연하게 여기는 사회가 되었습니다. 사회적 거리두기의 장기화로 이제는 모든 모임도 절제하고 명절조차도 가족들과 친척들이 다 모이지 못하는 시대가 되었습니다. 코로나가 우리의 일상을 완전히 바꾸어놓고 있습니다. 더욱이 영국발 코로나 변이종, 남아공발 코로나 변이종 때문에 코로나가 더 장기화되지 않을까 염려가 큽니다. 우리나라는 백신 접종도 아직 시작되지 않고 있습니다. 답답하기 그지없습니다. 그러나 터널은 반드시 끝이 있습니다. 이 코로나 환난의 터널도 반드시 통과할 날이 올 것입니다. 오늘 성경 말씀을 중심으로 코로나의 환난을 통과하는 비결이라는 제목으로 말씀을 묵상할 수 있기 바랍니다.

첫째, 코로나를 너무 두려워하지 말아야 합니다. 시편 91편 6절을 봉독합니다. "어두울 때 퍼지는 전염병과 밝을 때 닥쳐오는 재앙을 두려워하지 아니하리로다". 오늘 본문에서 전염병이 찾아올 때 우리가 가장 먼저 가져야 할 자세는 두려워하지 말라는 것입니다. "두려워하지 말라 내가 너와 함께함이라 놀라지 말라 나는 네 하나님이 됨이라 내가 너를 굳세게 하리라 참으로 너를 도와주리라 참으로 나의 의로운 오른손으로 너를 붙들리라"(사 41:10). 하나님이 나와 함께하신다는 확신을 가질 때 우리는 두렵지 않고 평안할 수 있습니다. 모든 문제의 근원은 두려움입니다. 병의 근원도 두려움입니다.

공황장애라는 병이 있습니다. 어떤 병입니까? 내가 꼭 죽을 것 같다는 공포를 느끼는 병입니다. 최근에는 이 병이 많이 알려졌는데 제가 기억하기로는 약 20년 전에 처음 들었습니다. 제가 아는 목사님 한 분이 이 공황장애를 앓게 되어서 알게 되었는데 정말 심각한 병입니다. 공황장애에 걸리면 심한 경우는 숨도 제대로 쉬지 못하고 이제 숨이 막혀서 내가 죽을 것 같다는 공포심을 느끼는 무서운 병입니다. 여러분 중에서 "목사님도 공황장애를 앓을 수 있습니까?" 라고 의문을 품는 분도 있을 것입니다. 그러나 병은 누구에게나 찾아올 수 있습니다. 목회자라고 병이 피해 가지 않습니다. 장로님이라고, 권사님이라고 피해 가는 것이 아닙니다. "세상에서는 너희가 환난을 당하나 담대하라 내가 세상을 이기었노라"(요 16:33). 예수님의 말씀을 기억하시기 바랍니다. 세상을 살아가는 동안 누구나 어떤 종류의 환난을 다 만날 수 있다는 것입니다. 그런데 믿는 사람과 믿지 않는 사람의 차이점은 믿는 사람은 담대하다는 것입니다. '예수님을 믿으면 이제부터 환난은 없다'라는 것은 복음이 아닙니다. 가짜 복음입니다. 복음은 세상에서 환난을 당하지만 예수님이 계시기 때문에 담대하게 이기는 것입니다. 이것이 진짜 복음입니다. 믿으시기 바랍니다.

오늘 이 시간 코로나19의 두려움과 공포가 우리에게도 있지만 주님이 모든 것을 이기셨다는 것을 믿고 담대하게 극복하시기 바랍니다. 그러기 위해서는 주님을 믿고 주님께 피해야 합니다. 시편 91편 9절부터 10절을 봉독합니다. "네가 말하기를 여호와는 나의 피

화목의 목회

난처시라 하고 지존자를 너의 거처로 삼았으므로. 화가 네게 미치지 못하며 재앙이 네 장막에 가까이 오지 못하리니". 왜 두렵지 않습니까? 하나님이 나의 피난처가 되시기 때문입니다. 하나님을 나의 피난처로 삼고 살아갈 때 어떠한 재앙도 전염병도 두렵지 않습니다. 하나님을 믿는 사람에게는 코로나 19도 두렵지만 공포의 대상은 아닙니다. 너무 두려워하지 맙시다.

방역 규정을 잘 준수하고 사회적 거리를 철저하게 지키고 마스크를 철저하게 착용하면 안전합니다. 지금 이 자리에서 예배드리시는 분들 정말 안전한 곳에 오셨습니다. 단, 마스크만 벗지 마시고 접촉을 최대한 자제하신다면 가장 안전한 예배가 될 줄 믿습니다. 그런데 문제는 방심입니다.

정말 코로나 때문에 우리 사회에 이단·사이비는 다 드러나는 것 같습니다. 신천지가 대구에서 1차 대유행 당시 첫 테이프를 끊었고, 그다음은 용인제일교회(베뢰아 계열의 이단)와 영생교입니다. 부천 승리제단이 바로 영생교 본부입니다. 조용할 만하면 "나도 여기 있소!" 하는 식으로 꼬리에 꼬리를 물고 발생하고 있습니다. 공통점은 국가의 방역지침을 무시하고 코로나는 별거 아니라는 지도자들의 안일한 태도가 신도들에게도 방심을 주어서 결국 초기 대응에 실패하고 많은 확진자를 양산했다는 것입니다. 건전한 신앙은 반드시 사회성과 윤리성을 동반합니다. 이단·사이비의 특징은 반사회성, 반윤리성 집단입니다. 사회 윤리를 무시하고 자기들 집단만 생각하는 것이 이단의 특징입니다. 자기들만 최고라는 것입니다. 이단은 아니더라도 이러한 사상을 가지고 있다면 건강한 신앙이 아니라 사이비인 것입니다. 사이비(似而非), 즉 유사한 것 같으나 아니라는 뜻입니다. 우리 흰돌교회는 더욱 철저한 방역과 거리두기를 실천하여 이 코로나의 환난의 터널을 잘 통과할 수 있기를 바랍니다.

그러나 코로나를 너무 두려워하지는 마시기 바랍니다. 천지를 창조하시고 우리 인체를 창조하시고 모든 만물을 주관하시는 하나님을 믿는 믿음으로 담대하시기 바랍니다. 너무 두려워서 아무 활동도 하지 않고 외출도 하지 않고 방안에만 방콕(?)하고 있는 분도 있는데 건강하지 않습니다. 오히려 답답한 마음이 우울증으로 이어지고 더 심한 다른 병이 올 수도 있습니다. 적절하게 운동도 하시고 산책도 하시기 바랍니다. 단 철저하게 방역만 잘하고 외출하면 실내보다 야외가 훨씬 더 안전합니다.

시편 91편 11절도 봉독합니다. "그가 너를 위하여 그의 천사들을 명령하사 네 모든 길에서 너를 지키게 하심이라". 하나님께서는 성도가 위험한 순간에 천사를 보내서라도 우리 성도를 보호하신다고 약속하십니다.

사랑하는 여러분! 천사의 존재를 믿습니까? 믿으시기 바랍니다. 성경에 있는 대로 믿으면 됩니다. "이에 마귀는 예수를 떠나고 천사들이 나아와서 수종드니라"(마 4:11). 예수님 옆에서 천사가 수종들었다고 말씀합니다. "천사가 하늘로부터 예수께 나타나 힘을 더하더라"(눅 22:43). 겟세마네 동산에서 기도하실 때에도 천사가 하늘로부터 내려와 예수님을 응원하고 도왔다는 말씀입니다. "천사가 이르되 띠를 띠고 신을 신으라 하거늘 베드로가 그대로 하니 천사가 또 이르되 겉옷을 입고 따라오라 한 대"(행 12:8). 베드로를 구출할 때도 천사가 베드로를 도와주었다고 성경은 말씀하고 있습니다. "그러나 너희가 이른 곳은 시온 산과 살아 계신 하나님의 도성인 하늘의 예루살렘과 천만 천사와"(히 12:22). 천만의 천사가 있다고 묘사하고 있습니다. 천만의 천사 그만큼 천사는 많다는 것입니다.

사랑하는 여러분! 오늘 이 시간에도 천사가 우리를 도와서 악한 세력으로부터 막아 주고 있음을 믿으시기 바랍니다. 코로나 19의 환난 중에도 천사를 보내어서 우리를 도와주실 것입니다. 이것을 믿을 때 우리는 두렵지 않습니다. 평안합니다. 담대합니다.

둘째, 하나님과의 인격적인 교제에 집중해야 합니다. 시편 91편 14절을 봉독합니다. "하나님이 이르시되 그가 나를 사랑한즉 내가 그를 건지리라 그가 내 이름을 안즉 내가 그를 높이리라". 어려운 환난의 때일수록 우리가 더 집중해야 할 것은 하나님과의 인격적인 교제입니다. 시편 91편 14절에서 하나님과의 인격적인 교제의 핵심은 두 가지입니다. 첫 번째, 하나님을 사랑하는 것입니다. 두 번째, 하나님의 이름을 아는 것입니다.

먼저, 하나님을 더 사랑하시기 바랍니다. "예수께서 이르시되 네 마음을 다하고 목숨을 다하고 뜻을 다하여 주 너의 하나님을 사랑하라 하셨으니. 이것이 크고 첫째 되는 계명이요"(마 22:37-38). 예수님이 말씀하신 가장 크고 첫째 되는 중요한 계명은 하나님을 사랑하는 것입니다.

하나님을 사랑하기 위해서는 우리가 하나님의 사랑을 먼저 받아야 합니다. "사랑하지 아니하는 자는 하나님을 알지 못하나니 이는 하나님은 사랑이심이라"(요일 4:8). "우리가 사랑함은 그가 먼저 우리를 사랑하셨음이라"(요일 4:19). 우리가 사랑한다고 하지만 먼저 하나님이 우리를 사랑하셨다는 것을 의심하지 마시기 바랍니다. 지금 우리가 겪고 있는 코로나 상황 가운데서 가장 중요한 것은 하나님의 사랑을 의심하지 않고 끝까지 믿는 것입니다.

세계적인 수학자요, 기독교 변증가인 존 레녹스의 책 『코로나 바이러스 세상, 하나님은 어디에 계실까?』는 두껍지 않은 얇은 책입니다. 한두 시간이면 읽을 수 있습니다. 지금 코로나 상황에서 던질 수 있는 질문과 그 답을 찾는 데 유익한 책이라고 믿습니다. 여러분도 꼭 한번 읽어보기를 추천합니다.

그 책의 4장에 보면 "사랑의 하나님이 존재한다면 코로나 19가 있을 수 있을까?"라는 질문이 나옵니다. 요한일서에 하나님이 사랑이시라고 했는데 어떻게 해서 이러한 코로나 19와 같은 악한 전염

화목의 목회

병이 있을 수 있는지 질문하고 있습니다. 그런데 이 책에서 저자는 하나님은 바이러스도 처음에는 선하게 창조하셨다는 것입니다. 우리가 바이러스 하면 떠올리는 것이 독감 인플루엔자, 폐렴 바이러스, HIV(인간면역결핍바이러스), 에볼라 바이러스, 사스 바이러스, 메르스 바이러스, 코로나 19 등 공포스럽고 인류에게 고통을 주는 바이러스로만 생각하기 쉬운데 대부분의 바이러스는 인간의 생존에 꼭 필요한 역할을 담당하고 있다는 것입니다. 바이러스 중에는 해로운 박테리아 세균을 잡아먹는 바이러스도 있습니다. 호주 그리피스 대학의 조교수인 피터 폴라드는 인간의 몸을 파괴하는 21가지 바이러스 유형은 지구상에 존재하는 일억 가지 바이러스 유형들의 작은 일부에 불과하다고 주장합니다. 그리고 대다수의 바이러스는 좋은 역할을 한다는 것입니다.

저는 여기에서 다시금 깨달았습니다. 창세기에 보면 하나님이 천지를 창조하신 후에 지구와 생명체들을 다 보시면서 뭐라고 말씀했습니까? "보시기에 좋았더라"고 말씀했습니다. 그 가운데는 바이러스도 포함되어있다고 저는 믿습니다. 최초의 바이러스들은 인류에게 좋은 역할을 했을 것입니다. 그런데 문제는 인간의 범죄와 타락입니다. 인간이 하나님의 말씀을 순종하지 않고 자기 멋대로 하는 것이 죄악의 뿌리인데 그 죄악 때문에 인류에게 사망의 재앙이 오고 말았던 것입니다. 인간의 욕심과 탐욕의 죄로 말미암아 생태계가 파괴되었고 결과적으로 동물에서 인간으로 전염되는 나쁜 바이러스도 점점 늘어가고 있습니다. 조류로부터 발생되는 조류인플루

엔자나 원숭이에게서 오는 HIV나 낙타에게서 오는 메르스나 이번에 발생한 천산갑에 의해서 발생된 코로나 19와 같은 나쁜 바이러스가 더 빈번하게 발생하고 있습니다. 앞으로 코로나 19보다 더 강력하고 치명적인 바이러스가 발생할 수도 있을 것입니다.

기독교는 인간 예수가 성육하신 하나님이 되신 종교, 즉 창조주가 인간이 된 놀라운 종교입니다. 기독교의 핵심메시지는 예수 그리스도의 십자가 죽음과 부활사건입니다. 하나님은 인간의 고통과 고난에서 동떨어져서 계시지 않고 친히 그 고통을 체험하셨다는 것입니다. 크리스천은 고통과 고난과 코로나 19의 문제를 해결한 사람이 아니라 친히 고난을 겪으신 그분을 사랑하고 신뢰하는 사람입니다. 코로나 19는 그 모양이 왕관처럼 생겼기 때문에 코로나라고 명명했습니다. 왕관은 권력과 권위의 상징입니다. 이 바이러스는 인간에게 어마어마한 힘을 가지고 있는 것이 사실입니다. 전 세계의 수억 명에게 영향을 끼치고 있습니다. 그런데 또 하나의 왕관이 있습니다. 바로 예수님의 가시 면류관입니다. 예수님이 쓰신 면류관은 인류를 죄악으로부터 구원하기 위해서 쓰신 고통의 면류관이었습니다. 그러니 그분을 믿는 모든 사람들은 구원을 받게 될 것입니다.

"아들을 낳으리니 이름을 예수라 하라 이는 그가 자기 백성을 그들의 죄에서 구원할 자이심이라"(마 1:21). 예수님은 십자가에서 이렇게 말씀하셨습니다. "다 이루었다"(요 19:30). 그때 우리의 죄를 다

사하시고 구원을 완성해주셨고, 우리의 모든 병도 다 고쳐주셨습니다. 뿐만 아니라 십자가로 끝난 것이 아니라 장사 지낸 지 사흘 만에 부활하셨습니다. 고난으로 끝난 것이 아니라 기쁨으로 완성해주셨습니다. 하나님의 사랑은 십자가와 부활로 완성되었다는 것입니다.

우리는 코로나 상황 가운데서 하나님의 사랑을 더욱 깨닫고 그분을 더 사랑해야 합니다. 예수 그리스도의 십자가와 부활을 믿고 하나님의 사랑을 의심하지 말아야 합니다. 하나님과 사랑의 관계가 바로 되어있다면 어떠한 고난의 문제도 잘 통과할 수 있습니다.

다음으로, 하나님의 이름을 더 알아야 합니다. 안다는 것은 히브리어로 '야다'인데 이것은 단순히 머리로만 아는 지식이 아니라 체험된 지식입니다. 즉, 부부간의 안다는 단어에 '야다'를 사용합니다. "아담이 그의 아내 하와와 동침하매 하와가 임신하여 가인을 낳고"(창 4:1). '동침하매'는 난하주에 보면 '알게 되매'라고 번역하고 있습니다. 이 단어가 바로 '야다'입니다. '야다'라는 것은 단순한 머리의 지식이 아니라 가슴으로 체험된 지식입니다. 하나님을 안다라는 것은 성경 공부를 많이 해서 성경 지식이 늘어나는 차원이 아니라 하나님을 실생활 속에서 체험하는 것입니다. 그런데 언제 하나님을 더 잘 체험하게 됩니까? 고난당할 때 더 많이 체험하게 됩니다. 사랑하는 여러분! 지금 고난당하시는 분이 있습니까? 하나님을 더 깊이 체험하게 될 줄 믿습니다. "고난당한 것이 내게 유익이라

이로 말미암아 내가 주의 율례들을 배우게 되었나이다"(시 119:71).

불안한 일을 만난 분은 여호와 샬롬의 하나님, 하나님은 우리에게 평안을 주시는 분임을 체험하게 될 줄 믿습니다. 인생의 필요한 것들이 있는 분들은 여호와 이레의 하나님, 하나님은 모든 것을 다 준비해주시는 분임을 더욱 체험하게 될 것입니다. 혹시 병중에 있는 분들이 있습니까? 여호와 라파의 하나님, 하나님은 우리의 모든 병을 치유해주시는 분임을 체험하게 될 것입니다. 영적전쟁을 치열하게 하는 분은 여호와 닛시의 하나님, 하나님은 우리에게 승리를 주시는 분이심을 더욱 체험하게 될 것입니다. 임마누엘의 하나님, 하나님은 우리와 함께하십니다. 에벤에셀의 하나님, 하나님은 우리를 도와주십니다. 어려운 환난을 만났을 때 하나님을 더 깊이 체험하게 됩니다.

셋째, 환난을 만났을 때 하나님께 부르짖어 기도하면 반드시 응답해주십니다. 시편 91편 15절을 봉독합니다. "그가 내게 간구하리니 내가 그에게 응답하리라 그들이 환난당할 때에 내가 그와 함께하여 그를 건지고 영화롭게 하리라".

"그가 내게 간구하리니"를 원어로 보시면 더 분명하게 그 뜻을 알 수 있습니다. '간구한다'는 단어는 히브리어로 '카라'인데 이것은 '부르짖는다'는 뜻입니다. 저는 성경을 읽다가 부르짖는다는 말이 참 많이 나온다는 것을 깨닫게 되었습니다. 기도는 하나님께 부르짖는 것입니다.

"너는 내게 부르짖으라 내가 네게 응답하겠고 네가 알지 못하는 크고 은밀한 일을 네게 보이리라"(렘 33:3). '부르짖으라'는 단어는 히브리어로 '카라', 즉 오늘 본문에 나오는 '간구하리니'와 같은 단어입니다. 절박한 상황에서 우리가 해야 할 것은 부르짖어 기도하는 것입니다.

"환난 날에 나를 부르라 내가 너를 건지리니 네가 나를 영화롭게 하리로다"(시 50:15). 여기에 나오는 '부르라'는 단어도 히브리어로 보면 '카라'입니다. 동일한 말씀입니다. 환난 날에는 무조건 하나님께 부르짖어 기도해야 합니다. 기도시간이 가장 복된 시간입니다. 하나님은 우리가 부르짖어 기도할 때 우리가 알지 못하는 크고 은밀한 방법으로 역사하십니다. 하나님은 우리가 예상치 못한 방법으로 응답하신다는 것입니다. 우리의 계산이 아니라 하나님의 방법입니다. 우리는 계산기를 두드리고 있지만 하나님은 우리가 알지 못하는 크고 은밀한 방법으로 응답하십니다.

이번 수요일부터 교회력으로 사순절이 시작됩니다. 사순절을 보내면서 전 교인이 코로나 극복을 위한 예수님과 함께 하는 119경건 생활캠페인을 진행하려고 합니다. 비록 코로나로 인하여 교회에는 잘 나오지 못하지만 각자의 가정에서 예수님의 가르침이 담긴 4복음서를 매일 하루 한 장씩 읽거나 쓰고, 9가지 기도제목으로 9분 이상 기도하는 가운데 하나님이 역사하실 줄 믿습니다. 코로나의 환난을 극복하는 통로가 될 줄 믿습니다.

"전염병이 내 백성 가운데에 유행하게 할 때에. 내 이름으로 일컫는 내 백성이 그들의 악한 길에서 떠나 스스로 낮추고 기도하여 내 얼굴을 찾으면 내가 하늘에서 듣고 그들의 죄를 사하고 그들의 땅을 고칠지라"(대하 7:13-14). 전염병이 유행할 때 우리가 해야 할 일은 하나님 앞에 더 엎드려서 기도하는 일임을 깨우쳐주십니다. 이 약속의 말씀을 의심하지 말고 부르짖어 기도하시기 바랍니다. 반드시 이 땅을 고쳐주실 줄 믿습니다.

Part.4

오철훈 목사의 방송 설교

― 방송 설교로 지경이 넓어지다

"고난당한 것이 내게 유익이라 이로 말미암아 내가 주의 율례들을 배우게 되었나이다"(시 119:71).

▌코로나의 환난 중에 극동방송을 통해서 설교의 지경을 넓히게 되었다.

고난당한 것이 내게 유익이라

◇◇◇◇◇◇

"여호와여 주의 말씀대로 주의 종을 선대하셨나이다. 내가 주의 계
명들을 믿었사오니 좋은 명철과 지식을 내게 가르치소서. 고난당하기
전에는 내가 그릇 행하였더니 이제는 주의 말씀을 지키나이다. 주는
선하사 선을 행하시오니 주의 율례들로 나를 가르치소서. 교만한 자들
이 거짓을 지어 나를 치려하였사오나 나는 전심으로 주의 법도들을 지
키리이다. 그들의 마음은 살쪄서 기름덩이 같으나 나는 주의 법을 즐
거워하나이다. 고난당한 것이 내게 유익이라 이로 말미암아 내가 주의
율례들을 배우게 되었나이다. 주의 입의 법이 내게는 천천 금은보다
좋으니이다"(시 119:65-72).

할렐루야! 오늘도 복된 날입니다. 하나님의 크신 축복이 여러분
의 가정과 생업 가운데 넘치시기를 축복합니다. 어느 왕이 역사학
자들을 불러서 "세계사를 한 권으로 압축하라"고 명령을 내렸습니
다. 역사학자들은 다 모여서 열심히 세계사를 한 권으로 요약했습
니다. 세계사를 한 권으로 요약한다는 것은 그렇게 쉽지가 않았습
니다. 고민하고, 또 고민하고 이것을 넣어야 하나? 저것을 빼야 되
나? 그러면서 결국은 한 권으로 요약해서 왕에게 바쳤습니다. 왕은
다시 명했습니다. "이 모든 한 권의 책을 한 문장으로 줄여보라". 역

사학자들은 고민 끝에 이렇게 기록했습니다. "인류 역사는 고난의 역사입니다".

그렇습니다. 인류의 역사는 고난의 역사입니다. 크든 작든 우리에게는 고난이 있습니다. 산을 하나 넘으면 또다시 산이 나오고, 또 강을 건너면 또 다른 강이 나오고, 고난은 연속이고 또 연속입니다. "사람은 고생을 위하여 났으니 불꽃이 위로 날아가는 것 같으니라"(욥 5:7). 구약성경만 그렇습니까? 신약성경도 봅시다. "세상에서는 너희가 환난을 당하나 담대하라 내가 세상을 이기었노라"(요 16:33). 세상을 살아가면서 환난을 당하게 되어있다는 것입니다. 믿는 사람일지라도 환난을 당할 때가 있습니다. 로마서 8장 17절을 봉독합니다. "자녀이면 또한 상속자 곧 하나님의 상속자요 그리스도와 함께한 상속자니 우리가 그와 함께 영광을 받기 위하여 고난도 함께 받아야 할 것이니라". 하나님의 자녀라면, 구원받은 성도라면 한번 따라 하시겠습니다. "우리가 그와 함께", "영광을 받기 위하여", "고난도 함께 받아야 할 것이니라". 이것이 성경의 말씀입니다. 예수님도 고난받으셨습니다. "이를 위하여 너희가 부르심을 받았으니 그리스도도 너희를 위하여 고난을 받으사 너희에게 본을 끼쳐 그 자취를 따라오게 하려 하셨느니라"(벧전 2:21). 예수님이 우리를 위하여 십자가의 고난을 당하신 것을 본받고 우리도 고난을 잘 이겨내라는 말씀입니다. 인류의 역사는 고난의 역사입니다. 누구에게나 고난은 다 있습니다. 믿는 사람에게도 예외는 아닙니다.

화목의 목회

그런데 성경의 관점은 고난당한 것이 유익이라고 말씀합니다. 고난이 저주가 아니라 고난이 은혜요, 축복이라는 것이 성경의 관점입니다. "고난당한 것이 내게 유익이라"(시 119:71). 여러분들은 지금까지 살아오면서 고난을 한 번도 안 당해본 사람 있으면 한번 손들어보세요. 한 사람도 없을 것입니다. 고난당할 때는 힘들었을 것입니다. 너무 고통스러웠을 것입니다. 그러나 고난을 겪고, 고난을 다 통과하고 돌아보니까 "아 그것이 나에게 유익이었구나". 사랑하는 여러분, 고난당한 것이 여러분에게 유익이 되시기를 주님의 이름으로 축원합니다. 이 시간 고난이 유익이 되는 이유를 함께 묵상합시다.

첫째, 고난을 통해서 하나님은 나를 훈련하십니다. 시편 119편 67절을 봉독합니다. "고난당하기 전에는 내가 그릇 행하였더니 이제는 주의 말씀을 지키나이다". 한번 따라 하시겠습니다. "고난은 하나님의 훈련이다". 하나님은 우리 성도를 극진히 사랑하십니다. 성도들에게 복 주시기를 원하십니다. 하나님이 우리를 사랑하시기 때문에 성도를 훈련하신다는 것입니다. 오늘 시편 119편 기자는 "고난당하기 전에는 내가 그릇 행하였더니"라고 말씀하고 있습니다. 우리 인간은 방종하며 내 멋대로 살아갈 때가 있습니다. 한참 내 멋대로 살다가 고난을 당하고 보니까, '아, 이건 내가 잘못이었어. 내가 이렇게 살면 안 되지'라며 깨닫습니다. 그래서 깨닫고 버릴 것은 버리고, 포기할 것은 포기하고 새로워지는 것입니다. 이것이 우리 인간의 모습입니다. 삶이 편안하면 하나님으로부터 멀어집니다. 일이 잘되고 돈도 많이 벌고 건강하면 예수를 더 잘 믿어야 하는데 점점 더 세상으로 나아갑니다. 그럴 때 꽝하고 매를 맞으면 고난을 통해서 비로소 깨닫고 돌아온다는 것입니다.

고난을 통해서 우리 신앙이 철든다는 것입니다. 고난 때문에 우리의 삶이 철든다는 것입니다. 그렇습니다. 하나님은 우리를 사랑하십니다. 그래서 하나님은 사랑하시는 자녀에게 반드시 고난의 훈련과정을 통과시키십니다. 요셉은 애굽에서 종으로 훈련받았습니다. 모세는 광야에서 40년 동안 훈련을 받았습니다. 다윗은 십수 년 동안 더 혹독한 훈련을 받았습니다. 광야에서 쫓기고 죽을 고비도 수없이 넘겼습니다.

"큰 집에는 금그릇과 은그릇뿐 아니라 나무그릇과 질그릇도 있어 귀하게 쓰는 것도 있고 천하게 쓰는 것도 있나니. 그러므로 누구든지 이런 것에서 자기를 깨끗하게 하면 귀히 쓰는 그릇이 되어 거룩하고 주인의 쓰심에 합당하며 모든 선한 일에 준비함이 되리라"(딤후 2:20-21). 고난의 풀무불은 우리를 더 순수하고 깨끗하게 합니다. 고난의 파도는 우리를 강하게 합니다. 영국 속담에 이런 말이 있습니다. "잔잔한 바다는 결코 노련한 해군을 만들지 못한다". 잔잔한 파도는 노련한 해군을 만들지 못합니다. 잔잔한 파도는 강한 해군을 만들지 못합니다. 고난의 파도를 많이 겪을수록 인격적으로 성장합니다. 고난을 많이 겪으면 생각이 넓어집니다. 고난을 많이 겪으면 마음이 커집니다. 고난을 많이 겪으면 어떤 상황에도 좌로나 우로 치우치지 아니하고 평정심을 유지할 수 있습니다.

　교육학자 페스탈로치는 "나를 높은 예지로 이끌어준 것은 보석과 즐거움이 아니라, 고난과 눈물이다"라고 말했습니다. 사랑하는 여러분, 고난과 눈물을 통해서 시련과 역경을 많이 겪어본 사람만이 지혜자가 될 것입니다. 그뿐이 아닙니다. 종교개혁자 마틴 루터는 "훌륭한 목사를 만드는 것은 기도와 연구와 고난이다"라고 말했습니다. 이것이 꼭 목회자만 해당되는 말이겠습니까? 사회적 지도자나 정치 지도자나 모든 지도자에게는 고난의 훈련과정이 다 필요하다는 말입니다. 다시 묻습니다. 지금 고난 가운데 있습니까? 그렇다면 걱정하지 맙시다. 하나님께서 우리를 더 큰 그릇으로 사용하기 위해서 훈련시키고 있다는 것입니다.

　"다만 이뿐 아니라 우리가 환난 중에도 즐거워하나니 이는 환난은 인내를, 인내는 연단을, 연단은 소망을 이루는 줄 앎이로다"(롬 5:3-4). 수많은 훈련과 연단을 받으면서 하나님이 쓰시기에 합당한 그릇으로 연단 과정을 받는 것은 축복이라는 것입니다. 그래서 테레사 수녀는 "고통은 성장의 법칙이요, 우리의 인격은 이 세계의 폭풍우와 긴장 속에서 만들어지는 것이다"라고 말합니다. 고통은 성장의 법칙입니다. 우리가 성장하고 성숙하는데 꼭 고통이 수반된다는 것입니다. 우리 인격은 어떻게 만들어집니까? 이 세계의 폭풍우와 긴장 속에서 만들어진다는 것입니다.

또 독일 격언에 이런 말이 있습니다. "고난은 기도의 선생이다". 무슨 뜻입니까? 평소에는 그렇게 기도하지 않던 사람도 어려움이 오고 고난이 닥쳐오면 기도하라고 강조하지 않아도 스스로 기도하게 된다는 것입니다. 그래서 고난은 기도의 선생입니다. 고난의 폭풍이 일어날 때 두려워하지 마시기 바랍니다. 하나님께서 우리를 훈련하시는 시기가 언제입니까? 내가 고난당할 때입니다. 그때 우리가 할 일이 무엇입니까? 하나님 앞에 가서 부르짖어야 합니다.

"환난 날에 나를 부르라 내가 너를 건지리니 네가 나를 영화롭게 하리로다"(시 50:15). 성경대로, 환난을 당할 때 비로소 하나님을 찾는 것이 인간입니다. 물에 빠졌을 때 "사람 살려" 하는 것처럼, 우리가 환난을 당할 때 "하나님 살려주세요"라고 부르짖는 것이 기도입니다. 고난당할 때마다 주님께 "주여, 도와주세요" 영적인 SOS를 보내시기 바랍니다. 고난을 통해서 기도의 훈련을 시키시는 것입니다. 우리나라를 위해서도 간절히 기도해야 될 때입니다. 코로나 사태와 이어지는 경제대위기를 위해서도 간절히 기도해야 될 때입니다. 우리 교회를 위해서도 간절히 기도해야 될 때입니다. 가정을 위해서도 자녀를 위해서도 간절히 기도해야 될 때입니다.

둘째, 고난을 통해서 내가 하나님의 음성을 더 세밀하게 듣고, 더 깊이 깨닫게 됩니다. 시편 119편 71절을 봉독합니다. "고난당한 것이 내게 유익이라 이로 말미암아 내가 주의 율례들을 배우게 되었나이다". 고난당한 것이 유익한 것은 고난을 통해서 주님의 율례를 배우기 때문입니다. 주님의 율례는 주님의 말씀입니다. 오늘 본문 시편 119편은 그 별명이 말씀장입니다. 고린도전서 13장은 사랑장이고, 히브리서 11장이 믿음장이라면, 오늘 시편 119편은 말씀장입니다. 시편 119편은 절수가 176절로 된 성경에서 가장 긴 장입니다. 오늘 본문에 나오는 주의 말씀, 주의 계명, 주의 율례, 주의 법도, 주의 법 등이 모두 다 하나님의 말씀을 뜻하는 말들입니다.

평상시에는 하나님의 음성을 잘 듣지 못합니다. 세상일에 너무 바빠서 하나님 음성보다는 세상의 소리만 들었습니다. 그러다가 환난이 찾아와서 고통을 당할 때 비로소 하나님을 바라보고 하나님의 음성을 듣게 됩니다. 하나님의 말씀을 비로소 깨닫고 배우게 되는 것입니다. 고난당하기 전에는 말씀을 잘 알지 못했지만 고난을 만날 때 말씀이 나에게 와닿는 말씀이 됩니다.

제가 하나님 아버지의 사랑을 깨달은 적이 있었습니다. 제가 아이를 키우고 보니까 아버지 하나님의 마음을 조금은 알 것 같습니다. 그런데 저희가 첫째 아이를 낳고 둘째 아이를 가졌는데 그만 유산되고 말았습니다. 아내가 당시 교육전도사 사역을 하다 보니 무리가 되었는지 그만 유산이 되고 말았습니다. 그래서 그 당시 병원에 가서 수술을 받고 그날 저녁이 하필이면 섬기는 교회에서 금요심야기도회 담당이었습니다. 순서를 바꿀까도 생각했지만 하나님께 약속한 시간이라 순종하는 마음으로 심야기도회에 참석했습니다. 설교를 하고 기도회를 인도하는데 그렇게 눈물이 많이 났습니다. 그런데 그 당시 제가 깨달은 것은 독생자를 아낌없이 십자가에 못 박아 내어주신 하나님의 사랑이었습니다.

"하나님이 세상을 이처럼 사랑하사 독생자를 주셨으니 이는 그를 믿는 자마다 멸망하지 않고 영생을 얻게 하려 하심이라"(요 3:16). 하나님이 우리를 얼마나 사랑하시면 그렇게 귀한 하나밖에 없는 외아들을 십자가에 못 박게 하셨을까? 정말 하나님께서는 하나밖에 없는 독생자를 죽게 하기까지 아낌없이 나를 사랑하신다고 생각하니 감사한 마음에 눈물이 하염없이 흘렀습니다. 저는 그러한 고난을 통해서 하나님의 사랑을 당시 조금이나마 깨달을 수 있었습니다. 아기를 잃고 보니까 하나님의 마음을 조금 이해할 수 있었던 것입니다.

오늘 우리에게 주시는 교훈이 있습니다. 고난을 당하고 나면 하나님 말씀의 참된 의미를 더 잘 배울 수 있게 되는 것입니다. 똑같은 말씀인데 내가 편안할 때는 그냥 지나쳤던 말씀인데 내가 고난받고 환난당할 때 그 말씀을 읽으면 구구절절이 은혜가 된다는 것입니다. 그런 점에서 저는 여러분에게 시편 말씀을 추천해드리고 싶습니다. 지금 환난 중에 계신 분이 있습니까? 그러면 시편을 꼭 읽어보시기 바랍니다. 시편은 고난 중에서 깨달음을 얻은 시인들의 찬송시요, 기도시입니다. 그래서 시편을 읽다 보면 구구절절이 내 이야기처럼 느껴질 때가 있습니다. 인생을 살아가는 동안 생로병사의 모든 문제의 해답이 시편에 다 있습니다. 시편을 잘 묵상하는 분은 반드시 주의 말씀의 뜻을 배우게 될 줄 믿습니다.

오늘 본문은 고난당한 것이 오히려 유익이라고 말씀하고 있습니다. 고난을 통해서 하나님 말씀의 참뜻을 더 잘 배울 수 있기 때문입니다. 고난이라는 과정을 통과한 다음에 인생의 깊은 의미를 더 배울 수 있기 때문입니다. 그래서 전도서에 보시면 이렇게 말씀하십니다. "초상집에 가는 것이 잔칫집에 가는 것보다 나으니"(전 7:2). "지혜자의 마음은 초상집에 있으되 우매한 자의 마음은 혼인집에 있느니라"(전 7:4). 장례식장에서 배우는 것이 잔칫집에서 배우는 것보다 훨씬 더 많다는 것입니다. 사랑하는 여러분! 고난을 통해서 주님 말씀의 참뜻을 깨닫고 오히려 감사하는 성도가 되시기 바랍니다.

셋째, 고난을 통해서 내가 변화될 때 마침내 복을 주실 것입니다. "이는 다 너를 낮추시며 너를 시험하사 마침내 네게 복을 주려 하심이었느니라"(신 8:16). 이스라엘 백성을 광야에서 40년 동안 고난을 당하게 하신 이유는 낮추시고 시험하사 마침내 복을 주기 위함이었다는 말씀입니다.

'야곱'이 '이스라엘'로 변화되는 역사가 언제 일어났습니까? 고난을 통해서 일어났습니다. 에서가 군사를 이끌고 온다는 전갈을 받고 고난의 때에 야곱이 깨어지고 이스라엘로 변화된 것입니다. 환난을 만나고 비로소 사기꾼과 같은 사람이 기도하는 하나님의 사람이스라엘로 변화될 때 기적이 일어났던 것입니다. 고난이 유익이 되었던 것입니다. 고난당한 것이 내게 유익이라, 아멘! 그렇다면 반대로 고난 없는 것이 나에게 유익이 아닙니다. 고난이 없는 삶은 절대로 축복이 아닙니다. 사랑하는 여러분, 땀 흘리지 않고, 희생하지 않고, 수고하지 않고, 고난 없는 축복은 축복이 아니라는 것입니다.

뉴질랜드에 서식하는 키위라는 새가 있습니다. 그런데 이 새는 신기하게도 날개가 있지만 날지 못하는 새가 되어버렸습니다. 그 이유는 천적이 없었다는 것입니다. 생명을 위협하는 천적이 없으니까 얼마나 안전합니까? 그러나 천적이 없으니까 날아서 도망갈 필요가 없었고, 결국 점점 더 날개가 퇴화되어서 날지 못하는 새가 되었다는 것입니다. 이처럼 고난이 없으면 우리의 삶도 퇴화할 수밖에 없습니다. 인류의 역사는 고난의 역사라고 했는데 그러나 그러한 고난 때문에 변화가 있었고, 고난 때문에 문명이 발전해온 것도 사실입니다. 고난은 변화를 일으키는 힘이 있습니다.

한번 따라 합시다. "고난은 변화를 일으키는 힘이다". 그렇습니다. 고물상에 있는 쇳덩어리는 보기 흉측합니다. 녹이 슬고, 볼품도 없고, 모양도 없습니다. 그러나 이러한 쓸모없어 보이는 쇳덩어리도 뜨거운 용광로에 들어가기만 하면 강철이 됩니다. 많은 기구들이 만들어지고 기계들이 만들어집니다. 고물상의 쇳덩어리를 보고 절망하지 마시고, 용광로에 들어가시기 바랍니다. 용광로에 들어가서 변화를 받으면 쓸모 있는 도구로 거듭나게 되는 것입니다.

아무리 볼품없는 사람도 예수님의 손에 붙잡히기만 하면 다 명품의 기구가 되고, 연장이 될 줄 믿습니다. 사시사철 태양만 비춘다면, 사막이 될 수밖에 없습니다. 때로는 구름도 필요하고, 바람도 필요하고, 비도 내려야 합니다. 그래야 옥토가 되는 것입니다. 태양만 가지고는 안 됩니다. 비도 있어야 하고, 바람도 있어야 합니다. 사람들은 비를 싫어합니다. 바람을 싫어합니다. 그러나 비바람이 없으면 옥토가 될 수 없습니다.

사랑하는 여러분, 여러분의 자녀를 어떻게 키우고 계십니까? 무조건 오냐오냐 키운 아이들은 스무 살이 되고, 삼십 살이 되어도 마마보이밖에 안 됩니다. 그러나 고난의 훈련을 통과한 아이는, 무서운 훈련을 통과한 아이는 세상의 리더가 되는 것입니다. 우리는 리더를 키워야 합니다. 여러분의 자녀를 리더로 키우시기 바랍니다. 우리의 후손을 리더로 키우시기 바랍니다. 한국교회도 마찬가지입니다. 그저 하나님만 찾는 마마보이 같은 성도가 아니라, 자기 몫을 감당하는, 하나님 나라에 생명을 바칠 수 있는, 조국을 위해서 땀 흘릴 수 있는 리더를 키워야 합니다. 그래서 하나님은 우리를 고난의 풀무불에 던지시는 것입니다. 우리 안에 있는 불순물을 제거하기 위해서입니다. 고난의 풀무불을 통과하면, 죄의 불순물이 다 사라집니다. 탐욕의 불순물이 사라집니다. 미움과 시기의 불순물이 사라집니다. 뿐만 아니라, 분쟁과 시기의 불순물도 사라질 줄 믿습니다. 우리의 인생이 순도 100%의 순금같이 순수하고 깨끗한 믿음의 사람이 되는 것입니다. "그러나 내가 가는 길을 그가 아시나니 그가 나를 단련하신 후에는 내가 순금같이 되어 나오리라"(욥 23:10).

사랑하는 여러분, 누구에게나 사랑받는 순금 같은 인생이 되시기를 주님의 이름으로 축원합니다. 지금 어떤 고난 가운데 있습니까? 고난은 저주가 아닙니다. 고난은 축복입니다. 오늘 분명히 고난당한 것이 내게 유익이라고 말씀했습니다. 첫 번째, 고난을 통해서 하나님은 나를 훈련시키십니다. 두 번째, 고난을 통해서 하나님의 음성을 더 세밀하게 듣고 더 깊이 깨닫게 됩니다. 세 번째, 고난을 통해서 내가 변화될 때 마침내 복을 주실 것입니다.

이 시간 당하는 고난이 있다면 고난을 피하려고 하지 마십시오. 고난을 피하지 말고 잘 통과합시다. 이 고난이 나에게 반드시 유익이 될 것입니다.

화목의 목회

코로나의 환난을 잘 통과합시다

◇◇◇◇◇◇

"나의 영혼이 잠잠히 하나님만 바람이여 나의 구원이 그에게서 나오는도다. 오직 그만이 나의 반석이시요 나의 구원이시요 나의 요새이시니 내가 크게 흔들리지 아니하리로다. 넘어지는 담과 흔들리는 울타리같이 사람을 죽이려고 너희가 일제히 공격하기를 언제까지 하려느냐. 그들이 그를 그의 높은 자리에서 떨어뜨리기만 꾀하고 거짓을 즐겨 하니 입으로는 축복이요 속으로는 저주로다(셀라). 나의 영혼아 잠잠히 하나님만 바라라 무릇 나의 소망이 그로부터 나오는도다. 오직 그만이 나의 반석이시요 나의 구원이시요 나의 요새이시니 내가 흔들리지 아니하리로다. 나의 구원과 영광이 하나님께 있음이여 내 힘의 반석과 피난처도 하나님께 있도다. 백성들아 시시로 그를 의지하고 그의 앞에 마음을 토하라 하나님은 우리의 피난처시로다(셀라)"(시 62:1-8).

할렐루야! 오늘도 복된 날입니다. 하나님의 크신 축복이 여러분의 가정과 생업 가운데 넘치시기를 축복합니다. 다사다난했던 2020년 한 해를 보내고 2021년 새해를 맞이하게 되었습니다. 금년은 코로나로 시작해서 코로나로 마쳤다고 해도 과언이 아닐 것입니다. 코로나 19 바이러스로 말미암아 한 번도 경험해보지 못한 뉴노

멀, 즉 새로운 일상을 경험하게 되었습니다. 사회적 거리두기로 말미암아 비접촉 언택트 시대가 되고 말았습니다. 모든 교회의 모임도 중단되고, 교제도 중단되고, 가장 중요한 예배조차도 비대면으로 드리게 되었습니다. 얼마나 안타까운지 모릅니다. 그런데 아직이 코로나가 끝나지 않았다는 것입니다. 이제부터 시작이라고 합니다. 지금까지 발생했던 전염병을 연구해보면 봄보다는 겨울이 가장큰 곡선을 그린다는 것입니다. 코로나 19도 예외가 아닐 것입니다. 더 철저하게 대비할 수 있기를 바랍니다. 자 이런 소식을 들을 때얼마나 두렵고 암담한지 모릅니다. 그러나 성경은 우리에게 이렇게 말씀합니다. "고난당한 것이 내게 유익이라 이로 말미암아 내가 주의 율례들을 배우게 되었나이다"(시 119:71). 성경은 고난당한 것이유익이라고 말씀합니다. 고난이 오히려 축복이라는 것이 성경의 사상입니다.

두 사람이 감옥에 갇혔습니다. 그런데 한 사람은 감옥에 들어온것이 너무나도 억울하여 매일 땅만 바라보고 한숨만 지었습니다. 그러나 다른 한 사람은 비록 감옥에 들어왔지만 창밖으로 보이는밤하늘의 별도 보고, 달빛도 보고, 구름도 보았습니다. 두 사람은 똑같이 10년을 감옥에서 보내고 출소할 때 너무나 큰 차이를 보였습니다. 한 사람은 신세를 한탄만 하다가 정신병자가 되었고, 한 사람은 아름다운 시인이 되었다는 것입니다.

지금 우리가 겪고 있는 코로나 상황에서도 어떻게 대처하느냐에 따라서 정반대의 결과를 가져오게 될 것입니다. 코로나 때문에 우리 신앙이 약해지는 것이 아니라 더욱 단단해지고 강해지기를 축복합니다. 예배의 소중함을 더 사모하고, 성도의 교제를 더 사모하고, 몸 된 교회를 봉사하는 것이 얼마나 축복인지 더 깨닫게 되시기 바랍니다.

오늘 시편 62편은 찬송가입니다. 본문의 표제어를 보면 다윗의 시라고 명시되어있습니다. 그리고 여두둔의 법칙에 따라 부르는 노래라고 명시되어있습니다. 여두둔은 레위인으로서 성전에서 음악으로 섬겼던 사람입니다. 오늘날로 말하자면 작사자는 다윗이고, 작곡가는 여두둔이라고 할 수 있습니다.

옛말에 호랑이 굴에 들어가도 정신만 차리면 산다는 말이 있습니다. 위기 상황 때 더욱 담대하시기 바랍니다. 위기 상황 때 마음이 흔들리면 절대 안 됩니다. 그래서 시편 62편 2절, "내가 크게 흔들리지 아니하리로다". 시편 62편 6절 "내가 흔들리지 아니하리로다". 이처럼 다윗은 환난 가운데서도 흔들리지 않았던 것입니다. 다윗의 일생을 봅시다. 다윗은 정말 환난을 많이 겪었던 사람이었습니다. 블레셋의 골리앗 장군을 무찌르고 돌아왔을 때 여인들이 노래를 지어 불렀습니다. "사울이 죽인 자는 천천이요 다윗은 만만이로다". 이후로 다윗의 인생은 고난의 가시밭길이 되고 말았습니다. 그 순간부터 시기심과 질투심에 사로잡힌 사울은 다윗을 죽이려고 음모를 꾸몄던 것입니다.

사울이 창을 던지면 다윗은 두 번씩이나 피했고, 집에서 자객의 습격을 받고 아내 미갈의 도움으로 창밖에 줄을 매어서 탈출하기도 했습니다. 결국 광야로 도망쳐서 피신하다가 나중에는 블레셋 진영으로 망명하기에 이르렀습니다. 망명지에서도 아기스 왕의 신하들의 모함에 죽을 고비를 겪기도 했습니다. 그때 다윗이 미치광이 흉내를 내서 간신히 목숨을 건졌습니다. 여기서 우리가 다윗에게 배울 점은 어떠한 환난을 만나도 당황하지 않고 침착하게 대처했다는 것입니다. 어떠한 상황에서도 침착하게 대처하면 살 수 있습니다. 사랑하는 여러분! 오늘 우리가 겪고 있는 코로나 19의 환난 가운데서도 당황하지 말고 침착하게 잘 대응하면 반드시 잘 통과할 줄 믿습니다. 오늘 다윗을 통해서 지금 우리가 겪고 있는 코로나의 환난을 어떻게 잘 통과할지 그 해답을 찾아볼 수 있기 바랍니다.

첫째, 환난을 만났을 때 잠잠히 하나님만 바라보아야 합니다. 시편 62편 1절을 봉독합니다. "나의 영혼이 잠잠히 하나님만 바람이여 나의 구원이 그에게서 나오는도다". 오늘 본문에서 다윗은 환난을 만났을 때 잠잠히 하나님만 바라보고 있습니다. 성도가 환난을 만났을 때 잠잠히 하나님만 바라보아야 합니다. 사람을 바라보는 자는 실망할 수밖에 없습니다. 사람을 보면 시험에 들 수밖에 없습니다. 사람은 믿을 대상이 아니라 사랑할 대상이기 때문입니다. 오직 믿을 분은 하나님 한 분밖에 없습니다. 사람을 믿고 가다가 믿는 도끼에 발등 찍힌 사람들이 한두 분이 아닙니다.

저는 목회를 하면서 많은 가정을 심방합니다. 상담도 많이 합니다. 그런데 목회의 결론이 무엇입니까? 사람을 믿으면 실망한다는 것입니다. 사람은 믿을 대상이 아니라 사랑할 대상입니다. 그렇다고 해서 신뢰를 하지 말고 불신하라는 말은 아닙니다. 신뢰를 해야 하지만 궁극적으로 믿고 의지할 분은 오직 하나님 한 분밖에 없다는 것입니다. 우리가 부모님을 의지하고 살지만 결정적인 순간에 부모님도 나의 힘이 되지 못할 때가 있습니다. 우리가 친구를 의지하고 살지만 결정적인 순간에 친구가 나를 배신하고 떠날 수도 있습니다. 친구와 동업을 했다가 결국 돈도 잃고 친구도 잃는 경우가 얼마나 많습니까? 사람은 믿을 존재가 아니라 사랑할 존재인 것입니다.

우리가 자녀를 의시하고 살지만 결정적인 순간에 자녀들도 나를 실망시킬 때가 있다는 것입니다. 아들도 너무 의존하지 마세요. 우리나라에는 예로부터 남아선호사상이 강했습니다. 그래서 얼마 전까지도 산모가 아기를 낳았을 때 "아들입니다" 하면 얼굴이 환하게 빛나고, "딸입니다" 하는 순간 온몸에 힘이 쫙 빠지는 현상이 있었어요. 제가 오래전에 교육전도사 때 산부인과 간호사로 근무하던 집사님에게 직접 들었던 이야기입니다. 그런데 불과 20~30년 만에 역전이 되었어요. 딸을 낳은 가정은 반드시 비행기를 타고 해외여행을 합니다. 그 말이 그냥 나온 말은 아닙니다.

얼마 전까지 유행하는 말이 있어요. 한번 들어보세요. 잘난 아들은 국가의 아들, 돈 잘 버는 아들은 사돈의 아들, 빚진 아들은 내 아들이다. 아들은 사춘기가 지나면 남남이 되고, 군대에 가면 손님, 장가가면 사돈 된다. 아들을 낳으면 1촌, 대학에 가면 4촌, 군대 다녀오면 8촌, 장가가면 사돈의 8촌.

왜 이런 말들이 유행하고 있습니까? 이런 말들이 유행하는 이유가 다 있습니다. 이제 더 이상 자식 덕을 보려고 하지 말라는 것입니다. 자식을 의지하며 살려고 하면 반드시 나중에 실망하게 됩니다. 기대가 큰 만큼 실망도 큰 법입니다. 부모님은 자식을 대할 때 보상을 받으려는 심리가 있습니다. "내가 저 아들을 어떻게 키웠는데…". 이런 마음을 다 내려놓으시기 바랍니다. 사랑은 내리사랑이라고 했습니다. 자식 덕 보려고 하면 반드시 실망합니다. 하나님만 바라보고 사람은 사랑하며 삽시다. 자식을 바라보고 살지 말고 오직 하나님만 바라보며 살기 바랍니다. 자식은 믿을 대상이 아니라 사랑해줄 대상입니다.

또한 환경을 바라보아도 낙망할 때가 많습니다. 베드로가 예수님만 바라보았을 때는 물 위를 걷는 기적을 체험하였지만, 풍랑과 파도를 바라보았을 때 깊은 수렁으로 빠져들어 갈 수밖에 없었습니다. 오늘 우리도 코로나의 상황만 바라보면 암담하기 그지없습니다. 영국에서 또 코로나 19 바이러스 변이종이 나타났고, 우리나라에도 들어왔다고 하는 소식을 들었습니다. 얼마나 불안합니까? 아직 백신 접종이 이루어지지 않았고, 계속 코로나의 기세는 꺾이지 않고 확산되고 있는데 어두운 소식만 듣고 어려운 환경만 바라보면 불안해서 못 삽니다.

그러나 이럴 때일수록 환경을 지배하고 다스리시는 하나님만 바라보시기 바랍니다. 한번 따라 해봅시다. "문제를 바라보지 말고 문제를 해결하시는 하나님만 바라봅시다", "코로나를 바라보지 말고 코로나를 해결하시는 하나님만 바라봅시다".

또한 자기 자신도 바라보아서는 안 됩니다. 자신을 바라보고 만족하는 자는 아무도 없습니다. 혼자서 거울을 자세히 쳐다보면 얼굴에 열등의식이 생기지 않는 사람이 없습니다. 자신을 보면 볼수록 불만족입니다. 또 조금 잘하면 교만하게 되고, 조금 못하면 열등의식에 빠집니다. 교만과 열등감 사이를 왔다 갔다 합니다. 진정한 평안이 없습니다. 자 한번 따라 해볼까요? "사람을 바라보면 실망하고, 환경을 바라보면 낙망하고, 자신을 바라보면 절망한다. 그러나 하나님만 바라보면 소망을 얻는다" 잠잠히 하나님만 바라봅시다.

둘째, 하나님만 바라보도록 때때로 자기 자신을 격려할 필요가 있습니다. 시편 62편 5절을 봉독합니다. "나의 영혼아 잠잠히 하나님만 바라라 무릇 나의 소망이 그로부터 나오는도다". 오늘 본문을 자세히 보시면 다윗이 자기 자신을 향해서 격려의 메시지를 하고 있음을 알 수 있습니다. "나의 영혼아!"라는 것은 다윗이 자신을 향해서 하나님만 바라보자고 격려하고 있는 것입니다.

다윗은 사울 왕의 핍박과 여러 가지 환난을 당했을 때 더욱 하나님만 바라보려고 노력했습니다. 그러나 그도 인간인지라 낙심할 때가 있었던 것입니다. 사울 왕의 핍박은 어떻게 해서라도 견딜 수 있었지만 도저히 견딜 수 없었던 고통이 있었습니다. 바로 아들 압살롬의 반역이었습니다. 압살롬은 그 이름대로 압사(壓死)할 놈(?)입니다. 다른 사람이 아니라 믿었던 자식에게 배신을 당하고 예루살렘 왕궁에서 쫓겨날 때 그 심정이 어떠했겠습니까? 장인에게 쫓겨 다닌 것도 억울한데, 이번에는 자식에게 쫓겨난 셈이 된 것입니다. 참 하나님의 마음에 합한 사람, 다윗의 인생도 파란만장한 인생이라고 아니할 수 없습니다. 그 순간 다윗도 인간인지라 순간적으로 부정적인 마음에 사로잡히고 말았습니다. '나는 이제 끝장났어!', '나는 실패자야', '나는 하나님께 버림받은 사람이야!'라며 스스로 좌절할 수밖에 없었던 것입니다.

자 그때 다윗에게 한 가지 배울 점이 있습니다. 다윗은 가장 힘든 순간에 자기 자신에게 스스로 격려의 메시지를 던지면서 부정적인 마음을 긍정적인 마음으로 바꾸고 있습니다. 오늘 시편 62편 5절을 다시 한번 읽어보세요. "나의 영혼아 잠잠히 하나님만 바라라 무릇 나의 소망이 그로부터 나오는도다". 자신의 영혼에게 스스로를 격려하고 있습니다. "다윗아, 잠잠히 하나님만 바라라. 하나님만이 나의 소망이 되신다". 여러분의 이름을 대신 넣어서 한번 격려의 말을 해봅시다. "철훈아, 잠잠히 하나님만 바라라. 하나님만이 나의 소망이 되신다" 여러분은 철훈이라고 부르지 마시고, 각자의 이름을 부르면서 격려해보시기 바랍니다. "○○아, 잠잠히 하나님을 바라라. 하나님만이 나의 소망이 되신다".

그런데 놀랍게도 사람의 말에는 능력이 있습니다. 문제가 어렵고 힘들 때일수록 부정적인 말을 하지 마시기 바랍니다. 스스로 "안 된다"라고 하면 정말 안 됩니다. 그러나 아무리 어려워도 "할 수 있다", "해보자", "잘 될 거야"라고 말하는 순간 신기하게도 그렇게 할 수 있는 힘이 생깁니다.

성경에서 가장 큰 환난을 당한 사람이 바로 욥입니다. 욥은 동방의 의인이요 큰 부자로서 하나님을 잘 섬기는 자였습니다. 그런데 욥에게 시련이 닥쳐왔습니다. 하루아침에 전 재산을 다 잃고, 10명의 자녀들도 다 죽고, 자신의 몸에는 심한 악성 종기가 발병하고 부인마저도 떠나버렸습니다. 그때 욥이 하나님을 원망하고 불평한 것이 아니었습니다. "주신 이도 여호와시요 거두신 이도 여호와시오니 여호와의 이름이 찬송을 받으실지니이다 하고"(욥 1:21).

그리고 이렇게 말합니다. "그러나 내가 가는 길을 그가 아시나니 그가 나를 단련하신 후에는 내가 순금같이 되어 나오리라"(욥 23:10). 할렐루야! 욥과 다윗의 공통점이 무엇입니까? 스스로에게 격려를 하고 있다는 것입니다. 그가 나를 단련하신 후에는 내가 순금같이 나오리라고 자신을 격려하고 있는 것입니다. 얼마나 긍정적인 말입니까?

우리 성도가 당하는 고난은 동굴이 아니라 터널입니다. 동굴은 끝이 막혀 있지만 터널은 끝이 뚫려있습니다. 강원도 속초로 가려면 서울양양고속도로를 타게 되는데 인제양양터널은 우리나라에서 제일 긴 터널입니다. 약 11㎞가 됩니다. 정말 길긴 깁니다. 그러나 그 터널도 끝이 있다는 것입니다. 다 통과하면 반드시 바깥으로 나가게 되어있습니다. 지금 우리가 겪고 있는 코로나 터널도 반드시 끝이 있음을 믿으시기 바랍니다.

"세상에서는 너희가 환난을 당하나 담대하라 내가 세상을 이기었노라"(요 16:33). 우리 성도라고 환난을 당하지 않는 것이 아닙니다. 우리 성도도 때로는 사업에 실패할 때도 있습니다. 물질적인 고통이 찾아올 수도 있습니다. 또한 암이 찾아올 수도 있습니다. 교통사고를 만날 때도 있습니다. 어려운 환난을 당할 수도 있습니다. 지금 우리가 겪고 있는 코로나와 같은 전염병의 고통을 당할 수도 있습니다. 환난당하는 것을 이상히 여기면 안 됩니다.

그러나 우리 성도는 환난을 당할 때도 담대할 수 있습니다. 왜 그럴까요? 예수님이 함께하시기 때문입니다. 예수님이 모든 환난을 이기셨기 때문입니다. 그리고 우리가 당하는 환난은 동굴이 아니라 터널임을 잊지 마시기 바랍니다. 동굴은 끝이 없습니다. 동굴은 가면 갈수록 캄캄한 곳입니다. 그러나 터널은 끝이 있습니다. 터널은 반드시 통과하여 밝은 곳으로 나오게 되어있습니다. 그래서 욥은 정금 같은 믿음으로 나올 수 있었던 것입니다.

하나님께서 우리 가정을 단련하시는 뜻이 있습니다. 정금 같은 믿음으로 나오게 하시기 위함입니다. 물질적으로 연단하시는 분이 있습니까? 반드시 어두운 터널을 통과하고 나면 정금 같은 믿음으로 나올 줄 믿습니다. 건강으로 연단 받는 분들이 있습니까? 걱정하지 마시기 바랍니다. 반드시 때가 되면 터널을 통과하고 정금과 같은 믿음으로 나올 것입니다. 코로나 때문에 우리 믿음이 약화되는 것이 아니라 더욱 단단하게 연단됨을 믿으시기 바랍니다. "다만 이뿐 아니라 우리가 환난 중에도 즐거워하나니 이는 환난은 인내를 인내는 연단을 연단은 소망을 이루는 줄 앎이로다"(롬 5:3-4). 할렐루야!!

셋째, 그래도 답답할 때는 하나님 앞에 마음을 토하고 기도합시다. 시편 62편 8절을 봉독합니다. "백성들아 시시로 그를 의지하고 그의 앞에 마음을 토하라 하나님은 우리의 피난처시로다". 본문에는 마음을 토하고 기도하라고 하십니다. 이것을 토해낸다고 해서 토설기도(吐說祈禱)라고 부르기도 합니다. 마음을 토해내고 기도하면 웬만한 문제는 다 해결됩니다.

기도는 하나님 앞에 솔직히 마음을 토해내는 것입니다. 히브리어로 토한다는 말은 '샤파크'로서 모든 것을 '쏟아붓다'는 뜻이 있습니다. 내 마음의 모든 걱정, 근심, 두려움을 다 토해내고 쏟아부을 때 큰 평안이 임하는 것입니다. 큰 기쁨이 오는 것입니다. 코로나 19 때문에 우울증 환자가 급증하고 있다는데 우리 성도들은 하나님 앞에 다 토해내고 기도할 때 우울증은 다 물러가고 큰 평안과 기쁨으로 응답받게 될 줄 믿습니다. "아무것도 염려하지 말고 다만 모든 일에 기도와 간구로 너희 구할 것을 감사함으로 하나님께 아뢰라. 그리하면 모든 지각에 뛰어난 하나님의 평강이 그리스도 예수 안에서 너희 마음과 생각을 지키시리라"(빌 4:6-7).

기도는 하나님께 피하는 것입니다. 기도할 때 하나님은 우리의 피난처가 되십니다. 코로나 상황에서 우리가 어디로 피할 수 있겠습니까? 사람에게 피하면 실망합니다. 환경을 바라보면 낙망합니다. 나 자신을 바라보면 절망합니다. 오직 하나님을 바라보며 하나님께 피하시기 바랍니다. 기도는 하나님께 피하는 시간입니다. 이방 나라에 포로로 잡혀갔던 다니엘이 예루살렘 성전을 향하여 하루 세 번 기도할 때 하나님은 다니엘의 피난처가 되셨습니다. 오늘 우리도 성전에 나오지 못할지라도 각자의 처소에서 다니엘처럼 기도할 때 반드시 능력과 지혜를 받아 코로나를 극복하고 통과할 줄 믿습니다.

결론적으로 시편 62편 11절은 기도의 응답으로 주시는 말씀입니다. 코로나 상황에서 우리가 기도할 때 주시는 하나님의 응답의 말씀입니다. "하나님이 한두 번 하신 말씀을 내가 들었나니 권능은 하나님께 속하였다 하셨도다"(시 62:11). "권능은 하나님께 속하였다"는 영어로 "Power belongs to God"입니다. 파워가 누구에게 있습니까? 인간이 아니라 하나님께 있다는 것입니다. 우리가 지금 겪고

화목의 목회

있는 코로나의 환난도 우리 인간의 힘으로는 감당할 수 없지만 하나님의 파워, 하나님의 권능이 임하실 때 반드시 통과하게 될 줄 믿습니다. 하나님의 파워가 성도님들과 함께하는 한 해가 되시기 바랍니다. 반드시 통과하게 될 것입니다.

염려 대신 기도합시다

◇◇◇◇◇◇◇

"그러므로 내가 너희에게 이르노니 목숨을 위하여 무엇을 먹을까 무엇을 마실까 몸을 위하여 무엇을 입을까 염려하지 말라 목숨이 음식보다 중하지 아니하며 몸이 의복보다 중하지 아니하냐. 공중의 새를 보라 심지도 않고 거두지도 않고 창고에 모아들이지도 아니하되 너희 하늘 아버지께서 기르시나니 너희는 이것들보다 귀하지 아니하냐. 너희 중에 누가 염려함으로 그 키를 한 자라도 더할 수 있겠느냐. 또 너희가 어찌 의복을 위하여 염려하느냐 들의 백합화가 어떻게 자라는가 생각하여 보라 수고도 아니하고 길쌈도 아니하느니라. 그러나 내가 너희에게 말하노니 솔로몬의 모든 영광으로도 입은 것이 이 꽃 하나만 같지 못하였느니라. 오늘 있다가 내일 아궁이에 던져지는 들풀도 하나님이 이렇게 입히시거든 하물며 너희일까보냐 믿음이 작은 자들아. 그러므로 염려하여 이르기를 무엇을 먹을까 무엇을 마실까 무엇을 입을까 하지 말라. 이는 다 이방인들이 구하는 것이라 너희 하늘 아버지께서 이 모든 것이 너희에게 있어야 할 줄을 아시느니라. 그런즉 너희는 먼저 그의 나라와 그의 의를 구하라 그리하면 이 모든 것을 너희에게 더하시리라. 그러므로 내일 일을 위하여 염려하지 말라 내일 일은 내일이 염려할 것이요 한 날의 괴로움은 그 날로 족하니라"(마 6:25-34).

할렐루야 오늘도 복된 날입니다. 하나님의 크신 축복이 여러분의 가정과 생업 가운데 충만하시기를 축복합니다. 병 중에 가장 무서운 병이 염려병입니다. 제2차 세계대전 중에 전쟁터에 나가 싸우다가 전사한 미군들이 35만 명이라고 합니다. 그런데 전쟁터에 아들, 남편을 보내놓고 염려하다가 심장병으로 죽은 사람의 숫자가 100만 명이 넘는다는 통계자료가 있습니다. 전쟁터에서 싸우다가 전사한 군인의 숫자보다 염려하다가 죽은 가족의 숫자가 더 많았다는 것입니다. 참으로 염려는 심각한 것입니다.

오늘 본문에서 가장 많이 나오는 단어가 '염려'라는 단어입니다. 마태복음 6장 25절에도 "염려하지 말라", 같은 장 27절에도 "염려함으로", 28절에도 "염려하느냐", 31절에도 "염려하여 이르기를", 34절에도 "염려하지 말라", "내일 일은 내일이 염려할 것이요" 총 6번 반복해서 나옵니다. 계속해서 염려하지 말라고 강조하는 말씀입니다. 반복해서 나오는 것은 중요한 메시지가 담겨있습니다. 따라합시다. "염려하지 맙시다".

그렇다면 "염려하지 말라"는 말은 무슨 뜻일까요? 계획을 세우지 말라는 뜻이 아닙니다. 대충대충 살라는 말이 아닙니다. 계획은 정말 중요한 것입니다. '하루의 계획은 새벽에 세우고, 1년의 계획은 연초에 세우고, 인생의 계획은 젊은 시절에 세우라'는 격언도 있습니다. 계획은 정말 중요합니다. 우리가 계획을 세우는 일에는 철저하게 세워야 합니다. 대충대충 살아서는 안 됩니다.

그런데 오늘 본문에서 말씀하는 염려는 "쓸데없는 걱정과 근심"을 말합니다. 마태복음 6장 27절을 봉독합니다. "너희 중에 누가 염려함으로 그 키를 한 자라도 더할 수 있겠느냐". 염려한다고 해서 키가 한 자도 더 할 수 없다는 뜻은 생명을 연장할 수 없다는 뜻입니다. 본문의 염려는 아무런 도움이 되지 않는 걱정, 근심을 말합니다. 문제 해결에 아무런 도움이 되지 않는 쓸데없는 걱정입니다.

　어떤 분이 염려를 재미있게 비유했습니다. 우리가 염려하는 것은 자동차에 앉아서 시동을 건 후 기어를 중립에 놓고 액셀러레이터를 밟는 것과 같다는 것입니다. 여러분! 기어를 중립에 놓고 액셀러레이터를 한번 밟아보신 적 있습니까? 소리는 요란하고 엔진만 돌아가고 기름만 펑펑 낭비됩니다. 그런데 차는 한 걸음도 움직이지 않습니다. 에너지만 소모하고 소리만 시끄럽고 아무런 유익이 없습니다. 그런데 우리의 염려가 바로 이와 같다는 것입니다. 엔진만 헛돌아가듯이 사람만 분주하고 요란합니다. 정서적으로 영적으로 육신적으로 에너지만 소모하고 맙니다. 그래서 쓸데없는 걱정이라고 하는 것입니다.

　노먼 빈센트 필 박사는 『쓸데없는 걱정』이라는 글에서 한 연구기관의 조사를 인용하여 다음과 같이 밝히고 있습니다. 사람이 하는 걱정 중 절대로 발생하지 않을 일에 대해 걱정하는 것이 40%, 이미 일어난 일에 대한 걱정이 30%, 별로 신경 쓸 일이 아닌 작은 것에 대한 걱정이 22%, 아무리 걱정해도 바꿀 수 없는 사건에 대한 걱정이 4%, 우리가 정작 해결해야 할 진짜 사건에 대한 걱정은 4%에 불과하다는 것입니다. 걱정 중 96%는 쓸데없는 걱정이라는 것입니다.

사랑하는 여러분! 염려는 무익합니다. 염려하지 마시기 바랍니다. 그럼에도 우리가 살다 보면 염려에 빠질 때가 많습니다. 누구도 예외가 없습니다. 한번 염려가 찾아오면 헤어나기 어렵습니다. 어떻게 하면 이 염려의 문제를 극복할 수 있을까요?

첫째, 믿음을 가져야 합니다. 마태복음 6장 30절을 봅시다. "오늘 있다가 내일 아궁이에 던져지는 들풀도 하나님이 이렇게 입히시거든 하물며 너희일까보냐 믿음이 작은 자들아". 따라 합시다. "믿음이 작은 자들아". 헬라어로는 "올리고피스토이"입니다. '올리고'는 '적다'란 뜻이고, '피스토이'(단수, '피스토스')는 '믿음'이라는 뜻입니다. 염려는 불신앙이 원인이라는 것입니다. 우리가 믿음을 가지면 염려는 물러가고, 믿음이 없을 때 염려가 몰려옵니다. 믿음과 염려는 반비례관계에 있음을 알 수 있습니다.

5만 번 기도의 응답을 받았던 조지 뮬러 목사님은 말하기를 "믿음의 시작은 염려의 끝이요, 염려의 시작은 믿음의 끝이다. 그러므로 염려하느냐, 믿음이 죽는다. 믿음을 가지느냐, 염려가 죽는다"고 했습니다. 이처럼 염려와 믿음은 반비례함을 알 수 있습니다. 오늘 이 시간 어떤 염려를 가지고 있습니까? 그런데 염려는 불신앙이라는 점을 잊지 맙시다. 염려 대신 믿음을 가질 때 염려는 사라집니다.

오늘 본문에 보면 공중의 새를 보라고 했습니다. 들의 백합화를 보라고 했습니다. 하나님께서 다 먹이시고 입히신다는 것입니다. 그러면서 이런 말씀을 하십니다. "하물며 너희일까 보냐" 하나님이 공중의 새도 먹이시고, 들의 백합화도 입히시는데 설마 "나를 먹이시고 입히시고 도우시지 않으시랴". 이것이 바로 믿음이라는 것입니다. 오늘 이 시간 환경을 바라보고 염려하지 마시고 하나님을 바라보면서 믿음을 회복하시기 바랍니다.

하나님을 믿고 의지하는 사람은 어떻게 됩니까? "여호와를 의지하는 자는 시온 산이 흔들리지 아니하고 영원히 있음 같도다"(시 125:1). 하나님을 믿고 의지하는 사람은 시온 산처럼 흔들리지 않고 요지부동이 된다는 것입니다. 그러나 염려하는 사람은 흔들리게 됩니다. 안절부절못하는 것입니다. 평안이 없습니다.

'염려'를 헬라어로는 '메림나오'라고 합니다. '분열되다, 나뉘다'란 뜻이 있습니다. 정신분열증이 바로 염려가 지나칠 때 생기는 현상이라고 합니다. 두 마음을 품어 정함이 없는 마음 상태입니다. 염려는 '샬롬'과 반대가 되는 단어입니다. '샬롬'은 평안인데, '염려'는 평안이 없는 상태입니다. 마음이 둘로 나뉘어서 갈팡질팡하는 상태입니다. 평안이 없는 상태입니다. 하나님을 믿을 때 제일 먼저 찾아

화목의 목회

오는 현상이 바로 평안입니다. 흔들리지 않는 마음 상태입니다. 그러나 우리 믿음이 흔들리면 모든 것이 다 흔들리게 됩니다.

사랑하는 여러분! 오늘 이 믿음을 선물로 받으시기 바랍니다. 믿음은 내가 믿고자 한다고 되는 것이 아닙니다. 믿음은 선물입니다. 하나님께서 나에게 믿음을 선물로 주십니다. 그러면 다 믿어집니다. 하나님이 믿어집니다. 천국이 믿어집니다. 모든 것이 다 믿어집니다. 그리고 평안이 찾아오는 것입니다. 할렐루야!

"여호와는 나의 목자시니 내게 부족함이 없으리로다"(시 23:1). 하나님을 목자로 믿는 사람은 부족함이 없는 인생을 살아갈 수 있습니다. 하나님이 나의 목자가 되시고 나는 하나님의 어린 양이 됩니다. 양은 걱정할 것이 하나도 없습니다. 목자가 다 먹여주시고 재워주시고 인도하시고 보호해주시기 때문입니다.

또 한 가지 오늘 본문에서 믿음을 교훈하는 말씀이 있습니다. 마태복음 6장 31절부터 32절을 봉독합니다. "그러므로 염려하여 이르기를 무엇을 먹을까 무엇을 마실까 무엇을 입을까 하지 말라. 이는 다 이방인들이 구하는 것이라 너희 하늘 아버지께서 이 모든 것이 너희에게 있어야 할 줄을 아시느니라". 하나님을 가리켜 하늘의 아버지라 부르고 있습니다. 이 땅의 아버지도 우리 자식들이 걱정하면 해결해주려고 최선을 다합니다. 그런데 하늘에 계신 아버지는 우리의 염려 거리를 다 알고 계시다는 것입니다. 오늘 믿음에서 가장 중요한 한 가지 요소를 깨닫게 됩니다. 믿음이란 것은 하나님을 아버지라 부르는 것입니다. 믿습니까? 자식이 아버지를 의지하고 살듯이 우리 신앙인들은 하나님 아버지를 의지하며 사는 것입니다.

그래서 주기도문에서도 가장 중요한 핵심이 하나님을 아버지라고 부르는 것입니다. "하늘에 계신 우리 아버지" 주기도문의 이 도입부를 기도의 문을 여는 황금열쇠라고 부르는 것입니다.

아버지께서는 우리가 필요한 것을 다 아신다는 것입니다. 한번 따라 합시다. "아버지, 아시지요?", "아버지, 보셨지요?", "아버지, 들으셨지요?". 얼마나 좋은 기도입니까? 이 기도를 드릴 때 우리 마음에는 염려가 사라지고 큰 평안을 얻게 될 줄 믿습니다. "영접하는 자 곧 그 이름을 믿는 자들에게는 하나님의 자녀가 되는 권세를 주셨으니"(요 1:12). "너희는 다시 무서워하는 종의 영을 받지 아니하고 양자의 영을 받았으므로 우리가 아빠 아버지라고 부르짖느니라"(롬 8:15).

둘째, 염려가 일어날 때마다 염려를 기도로 바꾸면 됩니다. "아무것도 염려하지 말고 다만 모든 일에 기도와 간구로 너희 구할 것을 감사함으로 하나님께 아뢰라. 그리하면 모든 지각에 뛰어난 하나님의 평강이 그리스도 예수 안에서 너희 마음과 생각을 지키시리라"(빌 4:6-7). 이 말씀을 꼭 암송하시기 바랍니다. 염려가 생길 때마다 이 말씀을 암송하면서 기도하면 염려가 평안으로 바뀝니다.

화목의 목회

미국의 유명한 아서 랭크라는 사업가가 있었습니다. 그는 밤낮으로 일에 쫓기며 사업에 대한 염려와 근심으로 가득한 불행한 인생을 살아가고 있었습니다. 늘 시간에 쫓기고, 재정적인 문제를 해결하기 위해서 걱정하고 심한 경우에는 불안과 초조감으로 살아왔습니다. 그러던 어느 날 문득 한 가지 지혜가 떠올랐습니다. 매일 염려하기보다는 일주일 중 하루만 염려하고, 다른 날은 염려로부터 해방되는 방법은 없을까 하는 생각이 떠올랐던 것입니다.

그는 수요일을 염려하는 날로 정했습니다. 그래서 '수요일 염려상자'를 하나 크게 만들었습니다. 매일 염려 거리가 생길 때마다 카드에 적어서 염려 상자에 넣었습니다. 일단 넣어 둔 다음에는 잊어버렸습니다. 수요일이 돌아왔을 때 그동안 넣어 둔 염려 거리들을 다 꺼내어, 기록한 것을 뒤적이며 정리하다가 놀라운 사실을 발견했습니다. 카드에 넣을 때는 심각한 염려 거리로 생각했던 것이 수요일에 그것을 꺼내 보았을 때는 이미 거의 염려 거리가 아닌 것으로 바뀌었습니다. 이미 다 해결되었던 것입니다. 무엇을 말합니까? 우리가 걱정하고 염려하는 것의 대부분이 쓸데없는 염려였다는 것입니다.

저는 이 이야기를 보면서 한 가지 깊이 깨달았습니다. 오늘 우리 성도들도 하나님의 염려 상자가 있다는 것입니다. 염려가 생길 때마다 하나님의 염려 상자 속에 다 집어넣으면 됩니다. 이것이 바로 기도라는 것입니다. 염려가 생길 때마다 기도하고 하나님의 상자 속에 다 집어넣으면 나는 가벼운 마음으로 살 수 있습니다. 기도의 원리는 염려를 하나님께 맡기는 것입니다. "너희 염려를 다 주께 맡기라"(벧전 5:7). 이것이 바로 기도입니다. 염려를 하나님의 상자 속에 다 넣고 맡기는 것이 기도입니다.

엄밀한 의미에서 우리 그리스도인에게 염려 거리는 하나도 없습니다. 우리 그리스도인에게 염려 거리는 모두 다 기도제목인 것입니다. 염려가 생길 때마다 기도제목으로 바꾸어서 하나님께 기도하시기 바랍니다. "너는 내게 부르짖으라 내가 네게 응답하겠고 네가 알지 못하는 크고 은밀한 일을 네게 보이리라"(렘 33:3). "구하라 주실 것이요 찾으라 찾아낼 것이요 문을 두드리라 열리리라"(마 7:7). 하나님은 약속하셨습니다. 이 약속의 말씀을 믿고 하나님께 염려, 근심을 다 맡기고 기도하면 됩니다. 그러면 평안의 축복이 임할 것입니다. 문제가 있을 때 염려하다가 염려를 맡기고 기도하기 시작하면 염려는 다 사라지고 평안이 임합니다. 그러나 우리가 기도하지 않고 계속 염려만 하면 염려는 점점 더 커지고 불안하게 됩니다. 그러므로 우리는 기도의 자리로 나와야 합니다.

이제 서서히 무더위도 물러가고 있습니다. 기도하기 좋은 계절이 오고 있습니다. 새벽마다 기도의 자리로 나오시기 바랍니다. 저녁마다 기도의 자리로 나오시기 바랍니다. 주님의 전에 나와서 염려를 기도로 바꿀 때 평안의 응답을 주실 것입니다. 제가 깨달은 구호를 함께 외쳐보려고 합니다. 같이 해보시기 바랍니다. "염려 10년보

화목의 목회

다 기도 10분이 낫다".

셋째, 염려를 극복하는 비결은 인생의 목적과 우선순위를 분명하게 정립하는 것입니다. 마태복음 6장 33절을 암송합시다! "그런즉 너희는 먼저 그의 나라와 그의 의를 구하라 그리하면 이 모든 것을 너희에게 더하시리라".

오늘 이 말씀과 앞에 있는 마태복음 6장 31절을 비교해보시기 바랍니다. "그러므로 염려하여 이르기를 무엇을 먹을까 무엇을 마실까 무엇을 입을까 하지 말라". 이 모든 것은 이방인이 구하는 것이라고 했습니다.

오늘 본문에서 우리는 두 부류의 사람을 만나게 됩니다. 한 사람은 먹고 마시고 입고 의식주에만 목표를 두고 사는 사람입니다. 이런 사람은 사는 동안 염려가 끊이지 않고 계속됩니다. 인생은 고해(苦海)와 같다고 했습니다. 끊임없이 우리를 괴롭히는 염려, 근심거리는 계속 발생할 것입니다. 그리고 결론은 헛될 뿐이라고 성경에 교훈하고 있습니다. 세상에서 가장 큰 부와 명예와 권력을 누렸던 솔로몬의 마지막 고백을 들어보시기 바랍니다. "헛되고 헛되며 헛되고 헛되니 모든 것이 헛되도다"(전 1:2).

그러나 하나님께 목적을 두고 사는 사람은 결코 헛되지 않습니다. 하나님께 영광을 돌리는 목적이 분명할 때 진정한 기쁨이 있고 보람이 있습니다. 사랑하는 여러분! 오늘 이 시간 우리의 삶의 목적을 하나님께 둘 수 있기를 바랍니다. 하나님을 영화롭게 하는 것입니다. 하나님을 기쁘시게 하는 것입니다.

그런데 우리가 살아가다 보면 인간인지라 '무엇을 먹을까? 무엇을 마실까? 무엇을 입을까?' 염려가 발생하기 마련입니다. 그럴 때마다 묵상해야 할 좋은 말씀이 성경에 있습니다. "그런즉 너희가 먹든지 마시든지 무엇을 하든지 하나님의 영광을 위하여 하라"(고전 10:31). 먹든지 마시든지 무엇을 하든지 하나님의 영광을 위하여 한다는 사상만은 흔들리지 마시기 바랍니다. 그러면 염려에서 자유로울 수 있습니다.

또 한 가지 비결은 우선순위를 잘 정하라는 것입니다. "그런즉 너희는 먼저 그의 나라와 그의 의를 구하라"(마 6:33). 우선순위를 말씀하고 있습니다. 왜 우리가 염려가 많습니까? 너무 복잡해서 그렇습니다. 복잡한 것을 단순화하시기 바랍니다. 영성은 단순성(Simplicity)입니다. 자꾸 복잡하게 모든 일을 다 잘하려고 하니까 하나도 제대로 못 합니다. 그래서 늘 염려만 하고 사는 것입니다. 먼저 할 일과 나중에 할 일을 잘 분별해서 우선순위를 정하시기 바랍니다.

우리가 먼저 할 일은 영적인 일입니다. 육신의 일에 우선순위를 두고 살면 반드시 염려에 빠지고 말 것입니다. 그러나 육신의 일이

화목의 목회

아니라 영적인 일에 우선순위를 두고 살면 염려에 빠지지 않게 됩니다. "너희가 육신대로 살면 반드시 죽을 것이로되 영으로써 몸의 행실을 죽이면 살리니"(롬 8:13). "육신의 생각은 사망이요 영의 생각은 생명과 평안이니라"(롬 8:6). 그러므로 우리가 목표로 두어야 할 것은 육신의 삶이 아니라 영적인 삶입니다. 영을 우선순위로 두고 살아가시기 바랍니다. 반드시 염려는 물러가고 평안이 올 것입니다.

또한 먼저 하나님의 일을 하시기 바랍니다. 나의 일을 먼저 할 때는 염려가 많습니다. 그러나 하나님의 일을 먼저 하면 평안이 옵니다. 기쁨이 옵니다. 주일 성수도 하나님께 먼저 우선순위를 두는 것입니다. 모든 원리는 같습니다. 얼마나 마음이 평안합니까?

우선순위를 잘 지킬 때 하나님께서도 반드시 축복하십니다. "그런즉 너희는 먼저 그의 나라와 그의 의를 구하라 그리하면 이 모든 것을 너희에게 더하시리라"(마 6:33). 그리하면 덤으로, 보너스로 모든 것을 채워주시겠다는 것입니다. 주경가 오리겐은 본문을 이렇게 해석하고 있습니다. "가장 중요한 것을 추구하라 그러면 너희에게 세상의 것도 덤으로 주겠노라. 하늘의 것을 추구하라 그러면 너희에게 세상의 것도 덤으로 주겠노라" 사랑하는 여러분! 하나님이 약속하신 보너스의 축복을 다 받고 돌아가시기 바랍니다.

코로나 블루를 잘 극복합시다

◇◇◇◇◇◇◇

"여호와여 내가 주를 높일 것은 주께서 나를 끌어내사 내 원수로 하여금 나로 말미암아 기뻐하지 못하게 하심이니이다. 여호와 내 하나님이여 내가 주께 부르짖으매 나를 고치셨나이다. 여호와여 주께서 내 영혼을 스올에서 끌어내어 나를 살리사 무덤으로 내려가지 아니하게 하셨나이다. 주의 성도들아 여호와를 찬송하며 그의 거룩함을 기억하며 감사하라. 그의 노염은 잠깐이요 그의 은총은 평생이로다 저녁에는 울음이 깃들일지라도 아침에는 기쁨이 오리로다. 내가 형통할 때에 말하기를 영원히 흔들리지 아니하리라 하였도다. 여호와여 주의 은혜로 나를 산 같이 굳게 세우셨더니 주의 얼굴을 가리시매 내가 근심하였나이다. 여호와여 내가 주께 부르짖고 여호와께 간구하기를. 내가 무덤에 내려갈 때에 나의 피가 무슨 유익이 있으리요 진토가 어떻게 주를 찬송하며 주의 진리를 선포하리이까. 여호와여 들으시고 내게 은혜를 베푸소서 여호와여 나를 돕는 자가 되소서 하였나이다. 주께서 나의 슬픔이 변하여 내게 춤이 되게 하시며 나의 베옷을 벗기고 기쁨으로 띠 띠우셨나이다. 이는 잠잠하지 아니하고 내 영광으로 주를 찬송하게 하심이니 여호와 나의 하나님이여 내가 주께 영원히 감사하리이다"(시 30:1-12).

할렐루야! 오늘도 복된 날입니다. 하나님의 크신 축복이 여러분의 가정과 생업에 충만하시기를 축원합니다.

코로나 19가 발생한 지 벌써 1년 반이 지나가고 있습니다. 작년 초에 대구 신천지를 중심으로 1차 대유행이 있었고, 여름에 서울과 수도권을 중심으로 2차 대유행이 있었습니다. 겨울에는 수도권을 중심으로 3차 대유행이 있었는데 최근에 다시 전국적으로 4차 유행이 진행되면서 전과는 비교도 할 수 없는 큰 규모의 확진자가 발생하고 있습니다. 그 이유는 코로나 19 델타변이종 때문입니다. 그동안 거리두기 강화로 효과를 잘 보았는데 델타변이종이 우세종이 된 후 전파력이 너무 강력하여 방역을 4단계로 했지만 역부족인 것 같습니다. 안타까운 것은 백신 접종률입니다. 저도 지난주에 1차 접종을 하였지만 아직 2차까지는 맞지 못했습니다. 어르신들은 접종을 거의 다 완료하였지만 젊은 층들은 아직 백신 접종을 거의 하지 못한 상태입니다.

코로나가 완전히 종식되기는 쉽지 않을 것입니다. 앞으로 일정 기간 동안은 'With Covid-19', 코로나 19와 함께 살아야 하지 않을까 생각됩니다. 백신 접종만 완료한다면 두려워할 필요는 없을 줄 믿습니다. 독감바이러스의 사망률 0.1%보다 약 10배 정도 사망률이 높은 위험한 바이러스로 생각하면 될 것입니다. 그러나 아직 치료약이 개발되지 않았기 때문에 방심해서는 안 됩니다. 그렇다고 너무 무서워할 필요도 없습니다. 백신 접종을 잘 마치고 마스크 착용 등 개인 방역에 철저하게 조심한다면 잘 통과될 줄 믿습니다.

그런데 코로나가 장기화되면서 자영업자들과 소상공인들이 정말 너무 큰 고통을 당하고 있습니다. 자영업을 운영하는 분들의 사업 장마다 아우성입니다. 저는 목회자로서 교회를 섬기고 있는데 정말 주변 목회자들을 보면 교회마다 큰 고비를 맞이하고 있습니다. 정말 힘들다고 하십니다. 성도들이 많이 모일 수가 없고, 모여도 극히 제한된 소수만 참석하여 예배드리고, 나머지는 다 비대면으로 예배를 드리니 교회 운영 자체가 어렵다는 말씀을 많이 듣고 있습니다. 선교사님들도 열악한 선교 현장에서 큰 고통을 당하고 있습니다. 제가 아는 선교사님 가운데도 코로나 확진으로 고생하시고, 뿐만 아니라 모든 사역이 중단되어 힘들어하는 선교사님들이 많습니다.

우리 한국교회는 지금 최대의 위기를 맞이하였습니다. 한국교회는 세계 어느 나라의 교회보다 성도들이 모이기를 힘쓰는 교회로 명성이 있습니다. 그래서 일제치하의 박해 상황에서도 예배를 잘 드렸고, 6·25 전쟁 중에도 예배는 정말 잘 드렸던 역사가 있습니다. 그런데 코로나 이후 한 번도 경험해보지 못한 비대면예배를 우리는 벌써 여러 차례 드리고 있습니다. 예배 상황에서는 한 건도 코로나 감염이 일어나지 않았는데 그럼에도 불구하고 지역주민들의 안전을 위해서 예배권리를 주장할 수만 없다는 점이 참 안타깝습니다. 믿지 않는 사람들은 교회를 주시하고 있습니다. 교회가 어떻게 하고 있는가 보고 있는데 나중에 코로나 이후에 복음을 전하려고 할

화목의 목회

때 지역주민들이 마음을 닫게 되면 복음에 큰 장애가 되고 말 것입니다. 그래서 때를 기다리며 제한된 예배를 드리면서 속히 코로나 상황이 호전되기만을 기도하고 있습니다. 그런데 참 힘듭니다. 작년 두 차례에 걸쳐서 비대면예배를 경험했습니다. 다시 코로나 4차 대유행으로 인한 거리두기 4단계로 예배가 비대면예배로 드려지게 된다면 저는 정말 목회자로서 우울한 마음을 금할 길이 없습니다.

최근에 '코로나 블루'라는 신조어까지 생겼습니다. 무슨 뜻입니까? '코로나 19'와 '우울감(blue)'이 합쳐진 신조어로서 코로나 사태 장기화로 인해 일상에 큰 변화가 닥치면서 생긴 우울감이나 무기력증을 뜻합니다. 우리말로는 '코로나 우울증'으로 번역할 수 있습니다. 금방 끝날 것 같았던 코로나가 1년 반 이상 장기화되고 오히려 더 악화되고 있는 것이 사실입니다. 지금은 쉽게 끝이 보이지 않습니다. 델타변이종 이후 전 세계적으로도 확산세가 무섭고 우리나라도 확진자 수가 매주 최고치를 갱신하고 있습니다. 사회적 거리두기도 강화되고 기간도 장기화됨에 따라 일상생활이 무너지고 우울증을 앓는 분들이 점점 더 늘어나고 있습니다.

코로나 블루, 즉 코로나 우울증의 현상들을 살펴보면 다음과 같습니다. 첫 번째, 외부활동을 자제하고 실내에 머무르면서 생기는 답답함. 두 번째, 자신도 코로나에 감염될 수 있다는 불안감. 세 번째, 작은 증상에도 코로나가 아닐까 걱정하는 두려움. 네 번째, 활동제약이 계속되면서 느끼는 무기력증. 다섯 번째, 감염병 관련 정보와 뉴스에 대한 과도한 집착. 여섯 번째, 주변 사람들에 대한 경계심 증가. 일곱 번째, 과학적으로 증명되지 않은 민간요법에 대한 맹신 등의 현상들입니다.

우울증은 누구에게나 찾아올 수 있습니다. 코로나가 장기화되면서 믿지 않는 사람뿐 아니라 믿는 자들에게도 우울증이 찾아올 수 있습니다. 목회자에게도 찾아올 수 있습니다. 중직자들에게도 찾아올 수 있습니다. 우울증은 감기처럼 누구나 걸릴 수 있는 병이기에 우울증을 "마음의 감기"라고 부릅니다.

위대한 하나님의 사람도 우울증에 시달릴 때가 있었습니다. 성경에 나오는 우울증을 겪었던 분들 중에 대표적인 인물이 바로 엘리야입니다. 열왕기상 18장에서 바알과 아세라 선지자 850명과 대결해서 대승을 거두고 난 후에 이세벨의 추격을 받으면서 스스로 우울증에 빠지고 말았던 것입니다. 엘리야는 로뎀나무 아래에서 자신을 죽여달라고 했습니다. 절망하여 우울증에 빠지고 자살 충동을 느꼈던 것입니다.

오늘 본문의 다윗도 우울증을 겪고 있습니다. 아마도 건강의 문제였던 것 같습니다. 시편 30편 3절을 봉독해봅시다. "여호와여 주께서 내 영혼을 스올에서 끌어내어 나를 살리사 무덤으로 내려가지 아니하게 하셨나이다". 스올이라는 것은 음부입니다. 죽음을 상징하는 곳입니다. 다윗은 지금 죽음의 위협을 받았던 것입니다. 죽음

화목의 목회

의 공포에 사로잡혔던 것입니다.

엘리야도, 다윗도 죽음의 공포에서 우울증을 겪었습니다. 인간은 깨지기 쉬운 그릇입니다. 절대로 인간을 과대평가하지 마시기 바랍니다. 우울증에 한 번도 빠지지 않은 사람은 아무도 없습니다. 대통령도 우울증에 빠져 자살할 수 있습니다. 대기업의 회장도 우울증에 빠지면 자살할 수 있습니다. 유명 연예인도 우울증에 빠지면 자살하고 마는 것입니다.

그러나 문제는 그 우울증을 어떻게 잘 극복하느냐라는 것입니다. 미국의 16대 대통령 에이브러햄 링컨 대통령도 우울증에 시달렸다고 합니다. 링컨은 26세 때와 32세 때 거의 자살 직전에 이르기도 했다고 합니다. 링컨은 평생 우울증을 벗어나기 위해 노력했는데 그 과정 가운데 링컨의 인격을 연마했고, 결국 미국에서 가장 존경받는 대통령으로 성장할 수 있었던 것입니다. 오늘날 우리도 '우울증 자체'가 문제가 아니라 '우울증을 어떻게 극복하느냐'가 중요합니다. 오늘 저는 '코로나 블루를 잘 극복합시다'라는 제목으로 말씀을 전하려고 합니다.

첫째, 하나님의 이름을 부르며 기도해야 합니다. 시편 30편 2절을 봉독합니다. "여호와 내 하나님이여 내가 주께 부르짖으매 나를 고치셨나이다". 우울증이 있다고 생각되면 우리 믿음의 사람들은 하나님의 이름을 부르면서 기도해야 합니다. 본문에 보시면 정말 다윗은 하나님의 이름을 계속해서 부르고 있음을 알 수 있습니다. 시편 30편 1절에 "여호와여", 같은 편 2절에 "여호와 내 하나님이여", 3절에도 "여호와여", 7절에도 "여호와여", 8절에도 "여호와여", 10절에도 "여호와여", 12절에도 "여호와 내 하나님이여", 계속해서 다윗은 하나님의 이름을 부르면서 기도하고 있습니다. 사랑하는 여러분! 마음이 우울하신 분이 계십니까? "여호와여, 여호와여" 하나님의 이름을 부르며 기도하시기 바랍니다.

오늘 다윗에게 배울 점은 하나님께 부르짖으며 기도했다는 것입니다. "부르짖으매 나를 고치셨나이다". 부르짖어 기도하면 하나님이 우울증도 고쳐주십니다. 질병도 고쳐주십니다. 어려운 문제를 다 고쳐주십니다. 우울할 때는 조용히 기도하면 안 됩니다. 더 우울해집니다. 그때는 소리 높여 부르짖어 기도하시기 바랍니다. 코로나로 성전에 와서 기도하기가 힘들면 집에서 부르짖어 기도하시기 바랍니다. 위급한 상황에 체면이 어디 있습니까? 부르짖으시기 바랍니다.

마음이 우울할 때는 마음을 다 토해내고 기도해야 합니다. "백성들아 시시로 그를 의지하고 그의 앞에 마음을 토하라 하나님은 우리의 피난처시로다"(시 62:8). 하나님 앞에 토해내고 기도해야 합니다. 이것을 토설기도라고 합니다. 마음에 우울증을 그대로 담아두면 상처가 되고 쓴 뿌리가 됩니다. 그러나 하나님 앞에 응어리들을 다 토해내고 기도하면 그렇게 마음이 시원해집니다. 이것이 치료되

화목의 목회

는 것인 줄 믿습니다.

시편 30편 8절도 봅시다. "여호와여 내가 주께 부르짖고 여호와께 간구하기를". 다윗은 계속해서 하나님께 부르짖었다고 고백하고 있습니다. 다윗에게 배울 점은 부르짖는 것입니다. 오늘 우리도 문제가 있을 때 하나님께 부르짖어야 합니다. 내 마음이 우울하고 슬퍼서 침체되었을 때는 더 부르짖어야 합니다. 내 마음이 눌릴 때 더 크게 부르짖어 기도해야 합니다. 우울증은 영어로 'depression'입니다. 무언가에 눌린 상태입니다. 코로나로 눌리고, 물질문제로 눌리고, 건강문제로 눌리고, 자녀 문제로 눌리고, 육신, 영적 문제로 눌린 상태입니다. 이것이 장기화될 때 병이 되는 것입니다.

풀밭에 어떤 큰 돌이 풀을 누르고 있을 때 눌린 풀은 노랗게 죽어갑니다. 그러나 그 돌을 치워주기만 하면 다시금 생기를 회복하고 푸르고 푸른 풀로 소생합니다. 마음을 누르는 큰 돌을 치우는 것이 바로 부르짖는 기도의 능력입니다. 마귀가 우리 심령을 큰 돌로 누를 때 더욱 큰 소리로 부르짖어 기도해야 합니다.

특별히 우울증에 걸린 분들은 조용히 기도하면 안 됩니다. 오늘 다윗처럼 "여호와여! 여호와여! 여호와여!" 외치면서 기도하시기 바랍니다. "주여! 주여! 주여!"를 100번 하시기 바랍니다. 반드시 하나님께서 임재하시고 우리의 우울증을 치료해주실 줄 믿습니다.

둘째, 감사할 일들을 기억하면서 범사에 감사합시다. 시편 30편 4절을 봉독합니다. "주의 성도들아 여호와를 찬송하며 그의 거룩함을 기억하며 감사하라". 우울증을 치료하는 두 번째 비결은 감사하는 것입니다. 그런데 본문에 자세히 보면 기억하며 감사하라고 하십니다.

기억한다는 말의 반대는 무엇입니까? 망각한다는 것입니다. 잊어버린다는 것입니다. 인간은 감사를 금방 잊어버리는 존재입니다. 감사에 대한 망각증을 치료해야 합니다. 그래서 감사할 일들은 모래에 새기고, 원망할 일들은 돌에 새긴다는 말이 나온 것입니다. 감사는 자꾸 잊어버리고 원망할 일들은 평생 기억하는 것이 우리 인간의 모습입니다.

우울증을 앓고 있는 분들에게 의사의 처방은 무엇입니까? 감사할 제목을 100가지 적어오라는 것입니다. 처음에는 아무것도 적을 것이 없습니다. 그런데 기억을 회상하면서 평생 살아오면서 감사할 일들을 떠올리니까 한 가지, 두 가지, 감사의 제목이 떠오르기 시작합니다. 10가지, 20가지 제목이 떠오릅니다. 계속 적다 보니 100가지를 다 적게 되는 것입니다. 지금 우리가 겪고 있는 코로나 상황에서도 우리 성도님들 100가지 감사제목을 한번 집에서 적어보시기 바랍니다. 반드시 100가지 이상이 넘는 감사제목이 있다는 것을 아시게 될 것입니다. '아, 내가 이렇게 감사할 일이 많구나' 하고 깨닫게 될 것입니다.

화목의 목회

적는다는 것은 놀라운 힘이 있습니다. 성경도 그냥 읽지 마시고 한번 써보시기 바랍니다. 상반기에 우리가 119경건생활캠페인을 통해서 4복음서를 직접 손으로 써보니까 얼마나 감동이 컸습니까? 감사의 제목도 한번 적어보시기 바랍니다. 감사의 제목을 적다가 생각이 바뀌는 것입니다. 내가 얼마나 축복을 많이 받은 사람인가 깨닫게 됩니다. 부정적인 생각에서 긍정적인 생각으로 바뀝니다. 원망, 불평하던 사람이 감사의 사람으로 변화되는 기적이 일어날 줄 믿습니다.

기억하며 감사하라는 말을 주목하시기 바랍니다. 기억한다는 것은 생각한다는 것입니다. '생각한다(think)'와 '감사한다(thank)'는 어원이 같습니다. 즉, 깊이 생각하면 감사가 나온다는 것입니다. 좋은 일도 감사하지만 안 좋은 일도 감사하게 됩니다. 성공도 감사하지만 실패도 감사합니다. 건강도 감사하지만 병약한 것도 감사하게 됩니다. 코로나조차도 감사할 수 있게 될 줄 믿습니다. 코로나의 고난을 통해서 하나님의 뜻을 더 깊이 깨닫게 되었고, 코로나의 환난을 통해서 더 겸손하게 하셨고, 코로나를 통해서 더 기도하게 하셨고 하나님을 가까이하게 되었기에 감사한 것입니다. 신앙의 최고 수준은 범사에 감사하는 것입니다. 범사라는 것은 평범한 일에 감사하는 것입니다. 범사에는 안 좋은 일도 있습니다. 안 좋은 일에도 감사하는 것입니다. 최고 수준의 신앙입니다.

목사가 성도 중에 불의의 사고를 당해서 심방을 갈 때가 있습니다. 큰 시험에 들지 않을까 걱정이 됩니다. 그런데 오히려 위로하러 갔던 목사가 위로받고 오는 경우가 있습니다. 사고를 당했는데 오히려 감사합니다. 하나님께서 막아주셔서 더 큰 상해를 당하지 않았다고 고백하는 것입니다. 그럴 때 얼마나 큰 은혜를 받습니까? 그러나 "하필 내가 왜 이런 사고를 당했나?" 원망하고 불평하기 시작하면 절대 행복할 수 없습니다.

시편 30편 12절도 봅시다. "이는 잠잠하지 아니하고 내 영광으로 주를 찬송하게 하심이니 여호와 나의 하나님이여 내가 주께 영원히 감사하리이다". 따라 합시다. "내가 주께 영원히 감사하리이다". 신앙의 결론은 감사입니다.

천국에 가면 원망, 불평은 다 사라지고 영원한 감사밖에 없다고 합니다. 지옥에 가면 감사는 하나도 없고 원망, 불평으로 가득하다는 것입니다. 천국은 감사가 충만한 곳이고 지옥은 원망, 불평이 충만한 곳입니다. 원망하면 그곳이 지옥이 될 것입니다. 반대로 감사하면 그곳이 바로 천국입니다. 원망하지 말고 감사합시다. 천국을 경험하게 될 것입니다. 감사할 때 우울증도 다 치료될 줄 믿습니다.

셋째, 신앙의 본질은 기쁨입니다. 잠깐 슬픔이 있을지라도 곧 기쁨이 오게 될 것입니다. 시편 30편 5절을 봉독합니다. "그의 노염은 잠깐이요 그의 은총은 평생이로다 저녁에는 울음이 깃들일지라도 아침에는 기쁨이 오리로다". 우리가 당하는 환난은 잠깐이지만 곧 기쁨이 오게 될 것입니다. 코로나의 환난도 우리가 생각할 때는 장기간이지만 곧 끝이 나고 기쁨의 순간이 올 것입니다.

시편 30편 11절도 봉독합니다. "주께서 나의 슬픔이 변하여 내게 춤이 되게 하시며 나의 베옷을 벗기고 기쁨으로 띠 띠우셨나이다". 다윗은 자신에게 슬픔이 변하여 춤이 되게 하시고, 베옷 대신에 기쁨으로 띠 띠우셨다고 간증하고 있습니다. 신앙의 핵심은 기쁨입니다. 제아무리 성령충만을 받고 많은 체험을 하고 성령의 은사를 다 받았다고 할지라도 내 얼굴에 기쁨이 없다면 바른 신앙은 아닙니다. 예수 믿는다는 것이 무엇입니까? 그 얼굴에 기쁨이 충만하다는 것입니다. 예수 믿는다고 하면서 얼굴이 어둡고 우울하다면 바른 신앙이 아닙니다.

사랑하는 여러분! 오늘 이 시간 신앙인의 얼굴에 책임을 지시기 바랍니다. 에이브러햄 링컨 대통령은 "마흔이 넘으면 자기 얼굴에 책임을 져야 한다"고 했습니다. 우리 얼굴에 책임을 지시기 바랍니다. 내 얼굴에 빛이 나야 합니다. 내 얼굴에 광채가 나야 합니다.

사랑하는 여러분! 오늘 우울증을 극복하는 비결에 대해서 묵상했습니다. 우울증을 치료하기 위해서는 정말 대화가 중요합니다. 가족과의 대화도 중요합니다. 친구와의 대화도 중요합니다. 또한 전문가와의 상담도 중요합니다. 그러나 가장 중요한 것은 하나님과의 대화인 줄 믿습니다.

첫째, 하나님과의 대화는 기도입니다. 하나님께 마음을 토하고 부르짖어 기도할 때 우울증은 깨끗이 치유될 것입니다. 둘째, 감사할 일들을 떠올리면서 기억하며 감사합시다. 셋째, 신앙생활은 기쁨입니다. 내 얼굴이 어둡다면 예수를 잘 믿는 것이 아닙니다. 아무리 코로나 상황이 어려워도 웃으면서 기쁨으로 통과합시다.

끝으로, 데살로니가전서 5장 16절부터 18절을 읽고 마칩니다. "항상 기뻐하라 쉬지 말고 기도하라 범사에 감사하라 이것이 그리스도 예수 안에서 너희를 향하신 하나님의 뜻이니라". 신앙생활의 핵심이 무엇입니까? "항상 기뻐하라 쉬지 말고 기도하라 범사에 감사하라". 이 세 가지가 신앙생활의 척도입니다. 지금 나의 신앙생활이 바른가, 바르지 못한가는 이 세 가지로 평가하면 됩니다. 첫 번째, 내가 지금 기뻐하고 있는가? 두 번째, 내가 지금 기도하고 있는가? 세 번째, 내가 지금 감사하고 있는가? 이 세 가지가 충만하다면 제일 좋은 신앙입니다.

화목의 목회

Part.5

오철훈 목사의 목양 칼럼

— 목양 칼럼으로 세상과 소통하다

"네 양 떼의 형편을 부지런히 살피며 네 소 떼에게 마음을 두라"(잠 27:23).

▌목양일념으로 기도와 말씀에 전념하다.(2023년 2월 목양실에서)

목사와 설교

◇◇◇◇◇◇◇

오래전 신학교 시절 '설교의 실제'란 과목을 수강한 적이 있었다. 설교학을 이수한 후 듣는 필수과정으로 실제로 설교를 하는 일종의 실습이었다. 그때 설교를 하기 위해 나름대로 성실히 준비해서 신학교 뒤 아차산에 올라가 나무를 회중 삼아 연습을 하고 또 했었다. 그러나 연습과 실제는 너무나도 달랐다. 입술이 마르고 긴장되어 간신히 15분의 설교를 마치고 내려왔었다. 무슨 말씀을 전했는지 모르게 진땀을 흘렸던 기억이 지금도 생생하다. 당시 설교학 교수님으로부터 "자네는 눈매가 신하게 생겼네"라는 한마디 칭찬(?)만 들었을 뿐 조목조목 신랄한 지적을 받았다. 그 수업이 끝나고 너무나도 낙심해서 처음으로 그다음 시간 강의도 안 들어가고, 설교를 연습했던 뒷산에 올라가 "과연 내가 설교사역자로 합당한가?"라는 소명을 점검하기까지 했었다. 그러나 지금 돌이켜보면 그 당시 그런 쓰라린 지적이 나에게는 좋은 약이 되었다. 지금도 목회 현장에서 설교할 때마다 그 당시를 회상하면서 항상 초심으로 돌아가 두렵고 떨리는 마음으로 설교단에 올라간다고 감히 말할 수 있다.

목사가 되어서 하나님의 말씀을 선포하며 설교한다는 것만큼 영광스러운 일도 없다. 그러나 동시에 설교를 할 때마다 항상 부담스러운 것이 사실이다. 설교 사역에 부름을 받아 지금까지 순종하는 마음으로 나아가지만 설교를 하면 할수록 자신의 부족함을 느낄 때가 많다. 그래서 설교사역은 내 힘으로 하는 것이 아니라 오직 하나님의 성령의 능력으로 가능함을 고백할 수밖에 없다.

장로회신학대학교 신학대학원(장신대 신대원)과 대학원을 졸업한 후에 필자는 호남신학대학에서 히브리어 강의를 할 기회가 있었다. 신대원 1학년과 학부 4학년 주·야간 과정으로 같은 과목을 세 번씩 강의하기 위해 1박 2일로 광주까지 왕복하며 다녔다. 이때 새롭게 느낀 점이 있었다. 그것은 목사의 설교와 교수의 강의는 여러 면에서 차이가 있다는 점이다. 설교는 강의와 다르다. 강의는 같은 내용으로 세 번 반복해도 아무런 문제가 없었다. 각 반마다 학생이 달랐기 때문이다. 그러나 설교는 늘 새로워야 한다. 늘 동일한 회중과 함께 은혜를 나누어야 하는 설교 사역은 하나님의 능력이 아니면 도저히 불가능하다고 생각한다. 또한 강의는 질문과 답변으로 서로 의사소통의 길이 열려있으나, 설교는 이에 비해 일방적인 선포가 되기에 서로 커뮤니케이션이 되기가 어렵다는 약점을 안고 있다. 이러한 어려운 점이 있기에 설교는 강의보다 더 난해하며, 설교를 많이 하면 할수록 더 어렵다는 것이다. 결국 목회와 설교를 하면 할수록 내 힘이 아니라 하나님의 은혜임을 고백할 수밖에 없다.

어느 선배 목사님은 설교를 다음과 같이 정의했다. "설교란 설교자가 말씀의 가루를 쪼개고 또 쪼개어 고운 가루로 만들어서, 거기에 눈물의 기도로 반죽을 하고, 최종적으로 성령의 불로 적절하게 잘 익혀서 교인들을 맛있게 먹이는 것이다". 참으로 적절한 비유라고 생각한다. 말씀의 깊은 묵상과 눈물의 기도 그리고 성령의 충만함이 삼위일체 될 때 하나님의 감동과 은혜가 임하게 된다는 점을 알 수 있다. 이 말대로 실천하려고 애쓰지만 그렇지 못할 때도 많음을 고백한다. 말씀 연구가 소홀한 채 설교할 때도 있었다. 눈물로 기도하지 못하고 설교할 때도 있음을 고백한다. 말씀을 전달할 때 성령에 의지하기보다 인위적으로 전할 때도 있었음을 고백한다. 그럼에도 불구하고 설교 사역은 하나님이 나에게 맡겨주신 평생 계속되어야 할 사명이라고 확신하고 순종하는 마음으로 오늘도 강단에 오른다.

끝으로, 어느 책에서 읽었던 권위 있는 설교에 관한 교훈을 소개하고 글을 마치려 한다. 아래에서 보는 것처럼 결국 진정 권위 있는 설교는 말보다 실천에 있음을 알 수 있다. 부족한 종이 흰돌교회 강단에 설 때마다 이 말씀을 되새김질해본다.

첫째, 중언부언하는 설교보다 체계 있는 이론적 설교가 권위 있고, 둘째, 이론적인 설교보다 땀 흘리는 열정적 설교가 권위 있고, 셋째, 땀 흘리는 설교보다 눈물 있는 간절한 설교가 권위 있고, 넷째, 눈물 있는 설교보다 실천 있는 생활의 설교가 권위 있고, 다섯째, 생활 속의 설교보다 순교하여 피 뿌린 설교가 권위 있다.

목사와 심방

◇◇◇◇◇◇

목사의 다양한 목회 사역에는 예배, 설교, 교육, 선교, 봉사, 상담, 행정 등 많은 사역이 있다. 그런데 그중에서 심방은 가장 기초적인 사역이다. 위에서 언급한 여러 가지 사역을 하기 위해서는 먼저 만나지 않고는 불가능하기 때문이다. 개인적·인격적 접촉점이 바로 심방을 통해 이루어지므로 심방을 잘할 때 다른 모든 목회 사역에서도 큰 시너지 효과를 거둘 수 있다.

심방(尋訪)이란 단어의 뜻을 한문으로 그대로 풀어보면 '찾을 심' 자에 '방문할 방' 자다. 즉, '찾아서 방문한다'는 의미다. 이는 목사가 영혼을 돌볼 목적으로 교인들의 가정이나 불신 가정 혹은 특정한 인물을 찾아서 방문하고 그들을 위해 기도하고 하나님의 말씀으로 권면하고 위로하고 돌보는 일을 총칭한다. 장로교 창시자인 칼빈도 "하나님의 말씀이 개인의 생활에서 어떻게 실천되고 있는지를 알기 위해서 가정방문을 해야 한다"고 말한 적이 있다.

이처럼 심방은 목사에게 떼려야 뗄 수 없는 필수적인 사역이다. 사실 목사가 심방을 통해서 그 가정을 방문하여 드린 짧은 예배가 교회에서 드리는 공예배보다 훨씬 더 큰 성과를 거둘 때가 있다. 높은 강단에서 멀리 내려다보며 외치는 설교보다 마주 앉아 조용히 권면하는 작은 목소리가 더 큰 힘을 발휘할 때가 있기 때문이다.

흔히들 목사에게는 삼(三)방이 있다고 한다. 첫째는 골방이요, 둘째는 글방이요, 셋째는 심방이라고 한다. 즉, 항상 기도하며 하나님의 뜻을 묻는 기도의 골방이 요구되며, 평생 학문에 힘쓰고 공부하며 노력하는 서재(글방)가 요구되며, 성도의 형편을 부지런히 살피는 심방이 요구된다는 말일 것이다. 그러나 안타깝게도 그중에서 심방이 가장 소홀해지는 것이 현대 목회의 현실이 되어버렸다. 시대가 점점 더 개인주의화되고 성도들도 자신의 집을 개방하지 않으려는 경향이 강해졌다. 바쁜 현대인의 생활과 여기에 편승한 편의적인 실용주의로 말미암아 심방이 점점 약화되고 있다. 그러나 복음서에 보면 예수님은 각 가정을 심방하여 말씀을 전하시고, 병도 고치시고, 문제도 해결해주셨음을 배울 수 있다. 그러므로 오늘의 목회자들도 예수님을 본받아 성도들의 가정을 심방하여 그들의 어려운 문제를 놓고 하나님께 간절히 기도할 때 문제 해결의 기적이 일어날 줄 믿는다.

부족한 종은 지금까지 목회 사역을 감당하면서 참 심방을 많이 했다고 말할 수 있다. 심방을 통해서 성도들의 가정을 방문하여 그들의 가족을 위해 기도하며 그들의 문제를 놓고 기도하는 중에 문제가 해결되었다는 간증을 들을 때마다 목사로서 큰 보람을 느꼈다. 때로는 낙심 중에 주저앉아버린 성도들을 찾아가서 찬송과 말씀과 기도를 통해 그 영혼이 회복되어 새로운 변화를 체험하게 될 때 심방자로서 큰 기쁨과 보람을 느꼈었다.

특히 큰 수술을 앞둔 불안하고 두려워하는 성도를 심방해서 말씀을 붙잡고 함께 기도드릴 때가 있다. "두려워하지 말라 내가 너와 함께 함이라 놀라지 말라 나는 네 하나님이 됨이라 내가 너를 굳세게 하리라 참으로 너를 도와주리라 참으로 나의 의로운 오른손으로 너를 붙들리라"(사 41:10). 이때 환우분이 큰 위로와 평강을 얻고 담대하게 수술실로 들어가는 모습을 보면서 목사로서의 존재 의미를 깊이 발견하게 될 때가 많았다.

드문 경우이지만 밤늦게 전화가 걸려와서 위독한 분이 계시는데 심방을 좀 와달라는 요청이 있을 때 육신이 피곤하여 참 난감한 때도 있었다. 그런 경우도 넥타이를 매고 양복을 입고 심방 가방을 들고 가서 예배를 통해 위로받는 환자와 가족들을 보면서 목사가 된 보람과 기쁨을 깊이 느껴본 적도 있었다. 이렇게 밤중에라도 불러주는 것(?)이 은혜라는 생각이 문득 들 때도 있다. 일할 수 있을 때 일해야지 나중에 힘이 없어 일할 수 없는 날이 오기 때문이다. 그런 마음으로 늘 긍정적으로 감사하면서 심방하려 노력한다. 물론 때로는 육신이 지쳐서 힘이 들 때도 있지만 아직까지 심방 약속은 큰 이변이 없는 한 약속대로 지키려 노력하였다고 부족한 종이 하나님 앞에서 감히 말씀드리는 바이다.

잠언 27장 23절에 보면 "네 양 떼의 형편을 부지런히 살피며 네 소 떼에게 마음을 두라"는 말씀이 나온다. 필자가 목회 사역을 감당하면서 언제부턴가 이 말씀을 마음 판에 새기게 되었다. 그래서 심방 수첩의 제일 첫 장에 적어 놓고 그 말씀을 볼 때마다 처음 가졌던 마음을 변치 않고 시종일관(始終一貫) 끝까지 유지하려고 오늘도 노력하고 있다.

교회와 예배 공동체 회복

◇◇◇◇◇◇

　인류 첫 조상의 불행은 예배에 실패함으로 시작되었다. 하나님께서 가인의 제물을 받지 않으시면서 문제가 생겼고, 가인이 동생 아벨을 죽이는 최초의 살인사건이 발생하고 말았다. 예배에 실패하면 모든 것에 실패하고, 예배에 성공하면 모든 것에 성공한다는 말이 있다. 노아도 방주에서 구원받고 나온 후 제일 먼저 제단을 쌓고 하나님께 예배를 드렸다. 그 후 무지개의 응답을 약속으로 받았다. 아브라함과 이삭과 야곱도 가는 곳마다 먼저 제단을 쌓고 하나님께 예배를 잘 드렸다.

　출애굽의 목적이 무엇인가? "내 백성을 보내라 그들이 나를 섬길 것이니라"(출 8:1). 한마디로 예배를 위한 출애굽이었다. 구원의 목적이 무엇인가? 바로 예배를 위한 구원이다. 불신자와 신자의 가장 큰 차이점은 예배에 대한 태도와 자세에 달려있다. 예수님도 마르다의 봉사보다 마리아의 예배를 더 기쁘게 받아주셨다. 왜 그러한가? 봉사의 비결이 예배를 통한 은혜와 감격에서 나오기 때문이다. 베드로전서 4장 11절에 보면 다음과 같이 권면하고 있다. "누가 봉사하려면 하나님이 공급하시는 힘으로 하는 것 같이 하라". 교회공동체의 5대 목적이 바로 예배, 선교, 교육, 봉사, 친교인데 그 중심에 예배가 있다. 예배가 회복되기만 하면 선교도 교육도 봉사도 친교도 다 회복될 것이다.

"그러므로 형제들아 내가 하나님의 모든 자비하심으로 너희를 권하노니 너희 몸을 하나님이 기뻐하시는 거룩한 산 제물로 드리라 이는 너희가 드릴 영적 예배니라"(롬 12:1). 하나님이 기뻐하시는 영적 예배는 단순히 짐승을 잡아 드리는 죽은 제사가 아니라 나 자신을 산 제물로 드리는 살아있는 영적 예배인 것이다.

그런데 오늘날 현대 기독교인들은 과연 자신을 산 제물로 드리는 영적 예배를 얼마나 드리고 있는가 반성해보지 않을 수 없다. 멀거니 강단을 응시하는 딴생각파, 주보에 밑줄 긋고 교정까지 보는 읽기파, 졸면서 예배드리는 수면보충파, 수시로 시계를 보는 시간절약파, 옆 사람과 글로 대화하는 쪽지파, 예배 후에 있을 회의를 준비하는 회의파, 성경 읽기로 시간을 때우는 실속파, 이런 식의 예배 태도는 예배를 드리는 것이 아니라 예배를 견디고 인내력을 테스트하는 것에 불과하다. 예배의 자리는 극기 훈련장이 아니다.

예배는 영어로 worship인데 가장 가치 있는 것(worth)을 하나님께 드린다는 뜻이다. 그러므로 우리는 하나님께 가장 가치 있고 소중한 시간을 드리고, 가장 가치 있고 소중한 물질을 드리고, 가장 가치 있고 소중한 마음을 드리는 것이 예배의 본래 정신이다. 지금 우리가 겪고 있는 코로나 시대에 비대면예배의 가장 큰 약점은 예배를 드리지 않고 관람하게 된다는 것이다. 예배의 본질은 드림인데, 드리지 않고 구경꾼이 되었다는 것이다. 이제라도 예배의 자세를 반성하고 예배를 진정으로 드리는 성도가 되어야 할 것이다. 신령과 진정으로 드리는 예배자가 되자.

어떤 목사님은 간증하기를 3년간 성경 공부하고, 제자 양육한 결과로 5명의 헌신된 일꾼들을 양육했는데, 성령이 역사하시는 살아 있는 예배를 한 번 잘 드렸더니 일시에 100여 명이 거듭나는 역사를 체험했다는 것이다. 이는 비유컨대 폭탄으로 적군 1명의 이마를 맞추고 기뻐하는 것과 폭탄 심지에 불을 붙여서 적군에 던짐으로써 수백 명 앞에 폭발한 것과 같다고 할 수 있다. 이것이 바로 온전한 예배의 폭발력이다. 금년에는 온전한 예배를 회복하는 흰돌교회가 될 수 있기를 축복한다.

화목의 목회

이단, 사이비를 경계하자

◇◇◇◇◇◇◇

이단(異端)이란 '다를 이' 자와 '끝 단' 자로서, 즉 끝이 다르다는 뜻이다. 사이비(似而非)는 유사한 것 같지만 아니라는 뜻이다. 즉, 이단과 사이비는 성경도 사용하고 기도도 하고 찬송도 부르고 신앙생활도 하는데 유사한 것 같지만, 결론은 끝이 다르다는 것이다. 처음에는 성경 말씀으로 시작하지만 나중에는 이상한 직통 계시가 나오고, 처음에는 예수님으로 시작하다가 나중에는 교주가 등장한다. 통일교에서는 문선명이 구세주라 주장하고, 천부교에서는 박태선이 하나님이라 주장하고, 신천지에서는 이만희를 보혜사라 주장하지 않는가? 우리나라에 자칭 하나님, 자칭 예수님, 자칭 보혜사가 얼마나 많은가? 왜 이렇게 기독교에 이단, 사이비가 많은가? 불교, 이슬람교나 다른 종교에 비해서 기독교에 유독 이단이 많은 이유가 무엇인가? 그만큼 기독교가 참 종교이기 때문이다. 고려청자나 이조백자 등 진품이 훌륭할수록 모조품이 많이 나오게 되는 것처럼 기독교가 참 진리의 종교이기 때문에 유사품과 모조품 같은 이단, 사이비가 많다는 것이다.

오늘 우리는 이단, 사이비를 항상 경계해야 한다. 일단 이단, 사이비에 한번 빠지고 나면 최소한 5년에서 10년의 세월을 허송하게 된다. 이단, 사이비는 한번 빠지면 이미 늦다. 누군가 이단에 빠졌다면 아무리 권면을 하고 심방을 해도 말을 듣지 않는다. 신천지와 같은 이단에 빠져서 가정이 파괴되고, 직장에서 부적응자가 되고, 결국 인생을 망치는 경우가 얼마나 많은가? 나중에 후회해도 늦다. 그래서 이단, 사이비에는 예방이 가장 중요함을 알 수 있다. 이단은 질병과 같다. 질병도 예방이 중요하다. 한번 병에 걸리면 고치기 위해서 얼마나 많은 시간과 물질과 수고가 따르는가? 그래서 건강할 때 건강을 잘 지키는 것이 중요한 것이다.

마찬가지로 이단도 평상시에 예방하는 것이 더 중요하다. 일단 이단에 빠지고 나면 늦기 때문이다. 그러므로 목회자들은 성도들 한 사람 한 사람을 하나님 중심, 말씀 중심, 교회 중심의 건강한 신앙의 기초 위에 굳게 서 있도록 평소에 잘 양육해서 예방하는 것이 좋다. 특히 평소에 믿음의 형제자매들 간에 서로 사랑하고 화목하고 성도의 교제가 충만할 때 이단이 접근하지 못할 것이다. 공중의 권세 잡은 마귀는 우는 사자와 같이 두루 다니며 삼킬 자를 찾는다고 했다. 사자는 어떤 먹잇감을 노리는가? 홀로 떨어져 있는 한 마리 먹잇감을 목표로 정하고 공격해온다. 이단도 교회공동체의 교제권에서 멀어져 홀로 떨어져 있는 신앙인을 노린다는 것을 유의해야 한다. 말세에 가장 복 있는 성도는 본 교회를 중심으로 신앙생활을 잘하고, 본 교회 강단의 말씀에 은혜받고, 본 교회에서 기도하고, 본 교회에서 봉사하고, 본 교회에서 성도의 교제가 충만한 성도임을 잊지 말아야 할 것이다.

대강절을 맞이하며

◇◇◇◇◇◇

대강절(Advent)이란 라틴어 'adventus'에서 유래된 말로 '오심', '도착하심'이란 뜻이다. 즉, 예수님의 오심을 대망(待望)하면서 경건하게 기다리며, 준비하는 교회 절기다. 성탄절이 오기 전까지 4주간을 전통적으로 대강절로 지키고 있다. 대강절이라고 했더니 대강대강 지킨다는 오해가 있어서 최근에는 대림절(待臨節)이라고 부른다. 일차적으로는 성탄절을 기다리는 기간이지만, 궁극적으로 예수님의 재림을 기다리는 깊은 신앙으로 나아가야 한다.

외국의 경우에는 교회와 가정 그리고 큰 거리까지 대강절을 준비한다. 첫 번째 주일은 큰 촛불 한 개를 켜고, 그다음 주일마다 한 개씩을 더하여 네 번째 주일까지 네 개를 켜고, 마지막 성탄절에는 다섯 개의 촛불을 켜며 주님의 성탄을 축하하고 있다. 대강절은 5세기 말에서 6세기 초에 걸쳐 시작된 교회의 풍속으로 11월 30일에서 가장 가까운 주일에 시작되며, 이 기간에는 특히 경건한 생활을 강조하여 결혼식을 금한 시대도 있었다. 금년도 대강절을 맞이하여 우리는 눈에 보이는 촛불만이 아니라 마음의 촛불을 밝혀야 한다. 우리들의 마음을 성령의 빛 아래 비춰보면서 버릴 것은 버리고, 갖출 것은 갖추어 우리 주님을 맞이할 마음의 준비를 잘해야 한다.

대강절은 단순한 아기 예수의 탄생만을 축하하며 기다리는 절기가 아니라, 그리스도의 재림을 준비하는 절기임을 잊지 말아야 한다. "마라나타!(주여, 오시옵소서!)"는 초대교회의 예배의식에 자주 사용된 기도 문구로서 예수님 당시 통용어였던 아람어를 헬라어로 그대로 음역한 말이다. 당시 초대 교회의 박해 상황에서는 더욱더 절실한 소망이 담긴 신앙고백이었다. 오늘날 박해가 없다고 할지라도 병든 자나 가난에 찌든 자나 좌절이나 낙심에 빠진 자가 '마라나타!'라고 외칠 때 주님은 소망 중에 임재하시고, 우리의 삶의 현장을 평안으로 변화시켜주실 것이다. '마라나타'의 신앙은 어떠한 고통과 환난 가운데서도 주님만을 의지하며, 주님께 소망을 두고 살아가는 신앙이다. '마라나타'는 주님의 오심을 간절히 소망하는 모든 신앙인들의 가장 아름다운 신앙고백이다. 이 고백을 자신 있게 할 수만 있다면 대강절을 가장 복되게 보내는 성도가 될 것이다.

성찬식,
바로 알고 참여합시다

◇◇◇◇◇◇

전통적으로 성도가 은혜받는 통로는 세 가지다. 첫째는 말씀이
요, 둘째는 성례전(세례와 성찬)이요, 셋째는 교역자다. 개신교는 말
씀의 종교로서 항상 그 중심에 말씀이 위치하고 있다. 예배에서도
말씀이 가장 강조되고 있다. 모든 초점은 교역자의 말씀에 맞추고
있는 것이 사실이다. 그런 반면 상대적으로 성례전 특히 성찬에 대
한 관심은 소홀한 편이다. 그러나 성찬은 우리 주님이 직접 제정해
주신 제도요(고전 11:23). 초대교회에서부터 전통적으로 내려온 매
우 중요한 은혜의 방편이자 통로임을 기억해야 할 것이다. 성찬식
에 참여하면서 형식적으로 시행되는 행사가 되지 않기 위해서 우리
모두가 다시금 성찬의 깊은 의미를 되새겨 보아야 할 때다.

먼저, 성찬은 "주님의 죽으심"을 상징적으로 표현하는 것이다(고
전 11:26). 성찬에 사용되는 떡과 잔은 바로 주님의 살과 피를 상징
하는 것으로 우리의 죄를 대속하기 위해 십자가에서 죽으심을 상
징하고 기념하는 것이다. 우리는 성찬 참여로 무엇보다도 십자가의
주님의 살과 피를 깊이 묵상해야 한다. "주님이 왜 십자가에서 죽으
실 수밖에 없었는가?"를 조용히 묵상해야 한다. 그러한 묵상 없이
참여하는 것은 "죄를 먹고 마시는 것"이라고 성경은 지적하고 있다

(고전 11:29).

　다음으로, 성찬은 주님의 죽으심을 묵상할 뿐만 아니라 직접 동참하는 그리스도와 연합의 의미가 있다. 요한복음 6장 54절에 "내 살을 먹고 내 피를 마시는 자"라는 개념이 담겨있다. 다시 말해서 성찬에 참여하는 자들은 그리스도의 희생적인 죽음에 자신도 직접 동참하며 연합하는 것이다. 성찬을 통해서 갈라디아서 2장 20절의 말씀처럼 "내가 그리스도와 함께 십자가에 못 박혔나니"의 체험을 하는 것이다. 성 프란시스코는 주님의 십자가를 깊이 묵상하다가 나중에 자신의 양 손바닥에 십자가의 못 자국 흔적이 생겼다는 신비스러운 일화는 너무나 유명하다. 이것이 바로 그리스도와의 연합을 의미한다. 이처럼 우리가 참여하는 성찬을 통해서 이러한 그리스도와의 신비한 연합을 경험할 수 있다.

　마지막으로, 성찬은 그리스도와의 연합에서 그치지 않고 성도들 상호 간의 연합으로 나아가야 한다. 예수 그리스도의 신비스러운 지체로서 영적인 통일성을 이루고 있는 성도들이 함께 한자리에 모여서 같은 떡을 먹으며, 같은 잔을 마실 때 진정한 공동체의 하나 됨을 경험하게 된다. 그리스도께서 십자가에서 우리의 모든 죄를 용서해주신 것같이 우리도 상호 간에 비방과 다툼을 버리고 서로 사랑하고 용서하며 화목을 이루게 되는 것이다. 사랑으로 한 몸 된 공동체를 이루는 비밀이 여기에 있다.

Part.6

오철훈 목사의 기독 공보 가정예배

— 기독 공보 가정예배로 믿음의 사람들과 소통하다

"여호와를 경외하며 그의 길을 걷는 자마다 복이 있도다"(시 128:1).

오철훈 목사님 초청 기독공보 직원예배 (2017.2.7)

▎이날 기도에 관한 말씀을 전하면서 필자가 더 큰 은혜를 받았다.

마침내의 축복

◇◇◇◇◇◇

찬송가 / 391장 「오 놀라운 구세주」

성경봉독 / 신명기 391장 8:11-16절

"내가 오늘 네게 명하는 여호와의 명령과 법도와 규례를 지키지 아니하고 네 하나님 여호와를 잊어버리지 않도록 삼갈지어다. 네가 먹어서 배부르고 아름다운 집을 짓고 거주하게 되며. 또 네 소와 양이 번성하며 네 은금이 증식되며 네 소유가 다 풍부하게 될 때에. 네 마음이 교만하여 네 하나님 여호와를 잊어버릴까 염려하노라 여호와는 너를 애굽 땅 종 되었던 집에서 이끌어 내시고. 너를 인도하여 그 광대하고 위험한 광야 곧 불뱀과 전갈이 있고 물이 없는 간조한 땅을 지나게 하셨으며 또 너를 위하여 단단한 반석에서 물을 내셨으며. 네 조상들도 알지 못하던 만나를 광야에서 네게 먹이셨나니 이는 다 너를 낮추시며 너를 시험하사 마침내 네게 복을 주려 하심이었느니라".

오늘 예배는 신명기 8장 11절부터 16절을 중심으로 '마침내의 축복'이라는 제목으로 말씀을 묵상하려고 합니다. 오늘 본문에는 하나님께서 이스라엘 백성을 40년 동안 광야에서 훈련하신 목적이 잘 나옵니다. 그것은 크게 두 가지입니다. 첫째는 하나님을 잊어버리지 말라는 것이고, 둘째는 겸손히 낮아지라는 것입니다.

지금까지 하나님께 쓰임 받았던 모든 사람은 광야대학의 고생학과를 통과한 사람들이었습니다. 오늘 우리가 묵상할 모세도 애굽의 호화로운 왕궁생활을 할 때 부르심을 받은 것이 아니라 오히려 미디안 광야에서 40년 동안 목동 훈련과 처가살이 훈련을 받고 낮아졌을 때, 불타는 가시떨기 가운데서 80세의 나이에 하나님의 부르심을 받았던 것입니다. 요셉도 꿈 많은 17세 소년 시절에 부르심을 받은 것이 아니라 애굽에 팔려가서 노예생활도 하고 억울한 누명을 쓰고 감옥에도 가서 고생한 후에 비로소 바로의 꿈을 해석하여 30세에 국무총리가 되었던 것입니다. 다윗도 기름 부으심을 받고 바로 왕이 된 것이 아니라 십수 년 동안 사울에게 쫓겨 다니면서 죽은 개 훈련과 벼룩이 훈련을 받고 나중에는 미치광이 흉내까지 내면서 낮아지고 낮아진 후에 마침내 30세에 하나님께서 이스라엘의 왕으로 세워주셨던 것입니다.

미국의 16대 대통령 에이브러햄 링컨의 이력을 봅시다. 1816년에 가족 파산, 1831년에 사업 실패, 1832년에 주의회의원 낙선, 1833년에 사업 또 실패, 1834년 약혼녀 사망, 1836년 신경쇠약으로 병원 입원, 1843, 1848년에 하원의원 두 차례 낙선, 1854, 1858년에 상원의원 두 차례 낙선, 이렇게 실패하는 과정을 통해서 낮아지고 겸손하였을 때 마침내 1860년에 미국의 대통령이 되었습니다. 결국 흑인 노예해방선언이라는 대업을 완수하고 오늘날까지도

　　　　　　　　　　　　　　　　　　　화목의 목회

가장 존경받는 대통령이 될 수 있었습니다. 만약에 링컨이 승승장구만 하고 실패를 경험하지 못했다면 결코 위대한 대업을 이루지 못했을 것입니다.

지금 우리가 광야와 같은 힘든 상황에 놓여있다면 조금도 염려하지 마시기 바랍니다. 오늘 주님이 우리에게 이렇게 말씀하십니다. "이는 다 너를 낮추시며 너를 시험하사 마침내 네게 복을 주려 하심이었느니라"(신 8:16). 마침내의 축복을 믿고 광야와 같은 인생길에서 오직 하나님을 의지하여 승리할 수 있기를 바랍니다.

오늘의 기도

사랑과 자비가 풍성하신 하나님, 오늘도 가정예배를 드릴 수 있게 하심을 감사합니다. 우리 가정을 낮추시며 시험하사 마침내 복을 주시는 하나님을 믿고 담대하게 승리하게 하옵소서. 예수님의 이름으로 기도합니다. 아멘.

숨은 보배 같은 사람

◇◇◇◇◇◇

찬송가 / 212장 「겸손히 주를 섬길 때」

성경봉독 / 여호수아 14:10-15절

"이제 보소서 여호와께서 이 말씀을 모세에게 이르신 때로부터 이스라엘이 광야에서 방황한 이 사십오 년 동안을 여호와께서 말씀하신 대로 나를 생존하게 하셨나이다 오늘 내가 팔십오 세로되. 모세가 나를 보내던 날과 같이 오늘도 내가 여전히 강건하니 내 힘이 그 때나 지금이나 같아서 싸움에나 출입에 감당할 수 있으니. 그 날에 여호와께서 말씀하신 이 산지를 지금 내게 주소서 당신도 그 날에 들으셨거니와 그 곳에는 아낙 사람이 있고 그 성읍들은 크고 견고할지라도 여호와께서 나와 함께 하시면 내가 여호와께서 말씀하신 대로 그들을 쫓아내리이다 하니. 여호수아가 여분네의 아들 갈렙을 위하여 축복하고 헤브론을 그에게 주어 기업을 삼게 하매. 헤브론이 그니스 사람 여분네의 아들 갈렙의 기업이 되어 오늘까지 이르렀으니 이는 그가 이스라엘의 하나님 여호와를 온전히 좇았음이라. 헤브론의 옛 이름은 기럇 아르바라 아르바는 아낙 사람 가운데에서 가장 큰 사람이었더라 그리고 그 땅에 전쟁이 그쳤더라"

화목의 목회

오늘 예배는 여호수아 14장 10절부터 15절을 중심으로 '숨은 보배 같은 사람'이라는 제목으로 말씀을 묵상하려고 합니다. 2002년 월드컵 당시에 『이경규가 간다』는 프로그램이 있었습니다. 경기장 밖에서 숨은 이야기를 실감 나게 풀어주는 내용이 흥미롭고 좋았습니다. 특별히 매 경기 숨은 MVP를 한 명씩 뽑는 것이 참 신선하게 다가왔습니다. 보통 우리는 축구경기에서 골을 넣은 선수를 MVP라고 생각합니다. 그러나 그 프로에서는 골과 전혀 관계없이 경기의 수훈선수를 뽑는 것이었습니다. 첫 경기 폴란드전에는 골 넣은 황선홍 선수나 유상철 선수가 아니라 전혀 예상 밖에 김남일 선수가 뽑혔습니다. 그리고 두 번째 미국 경기에서는 부상 투혼을 발휘한 황선홍 선수, 세 번째 포르투갈 경기에서는 골을 넣은 박지성 선수가 아니라 수비를 잘한 최진철 선수가 받았습니다. 그 밖에도 이영표 선수, 골키퍼 이운재 선수 등이 이 상을 받았습니다. 그동안 화려한 공격수에게만 스포트라이트가 비추어졌지만 숨은 영웅을 발굴해서 알려주는 것이 신선하고 감동적이었습니다.

그런데 오늘 본문에 숨은 보배 같은 한 사람이 등장합니다. 바로 갈렙이라는 인물입니다. 여호수아가 골을 넣는 공격수라면 갈렙은 골을 넣을 수 있도록 어시스트 해주고 뒤에서 보이지 않게 수비하고 방어를 잘한 선수라고 할 수 있습니다. 그런데 감독 입장에서 보면 누가 더 예쁠까요? 골 넣은 선수도 예쁘지만 골을 넣을 수 있도록 도운 선수는 더 예쁜 것입니다. 하나님께서도 우리 신앙인들이 보이지 않는 곳에서 최선을 다해 섬길 때 가장 크게 기뻐하십니다.

또 한 가지 갈렙에게 배울 점은 자기관리를 철저하게 했다는 것입니다. "이 산지를 지금 내게 주소서"(수 14:12). 갈렙은 85세의 연로한 나이임에도 이렇게 요청하고 있습니다. 갈렙은 85세에도 지력 면에서나 체력 면에서나 영력 면에서 전쟁을 할 수 있을 정도로 자기관리를 잘했음을 알 수 있습니다. 신앙생활이 무엇입니까? 결국 신앙생활의 마지막은 자기와의 싸움입니다. 우리도 갈렙을 본받아 숨은 보배 같은 신앙의 용사가 됩시다.

오늘의 기도

사랑과 자비가 풍성하신 하나님, 오늘도 가정예배를 드릴 수 있게 하심을 감사합니다. 오늘 말씀처럼 갈렙을 본받아 숨은 보배 같은 그리스도인이 되게 하옵소서. 예수님의 이름으로 기도합니다. 아멘.

No cross, no crown

◇◇◇◇◇◇◇

찬송가 / 151장 「만왕의 왕 내 주께서」

성경봉독 / 누가복음 9:22-25절

"이르시되 인자가 많은 고난을 받고 장로들과 대제사장들과 서기관들에게 버린 바 되어 죽임을 당하고 제삼일에 살아나야 하리라 하시고. 또 무리에게 이르시되 아무든지 나를 따라오려거든 자기를 부인하고 날마다 제 십자가를 지고 나를 따를 것이니라. 누구든지 제 목숨을 구원하고자 하면 잃을 것이요 누구든지 나를 위하여 제 목숨을 잃으면 구원하리라. 사람이 만일 온 천하를 얻고도 자기를 잃든지 빼앗기든지 하면 무엇이 유익하리요".

오늘 예배는 누가복음 9장 22절부터 25절 말씀을 중심으로 'No cross, no crown'이라는 제목으로 말씀을 묵상하려고 합니다. 어떤 목사님이 설교 중에 열변을 토하며 이렇게 말했습니다. "기독교는 십자가의 종교입니다. 십자가는 결코 액세서리가 아닙니다. 목에 걸고 다니는 액세서리가 아니라 등에 지고 가야 하는 것입니다". 그랬더니 그 설교를 들었던 어떤 부인이 말하기를 "목사님, 저도 한 번씩은 십자가를 질 때가 있습니다. 목에 걸고 다니는 십자가가 어쩌다가 한 번씩 뒤로 넘어가면 저도 십자가 지고 가는 거 맞지요?". 현대 크리스천의 모습을 풍자하는 예화라고 생각합니다. 본래 십자가는 화려한 액세서리가 아니었습니다. 십자가는 죄인이 죽어야 할 사형틀이었습니다. 십자가의 무게는 무려 400파운드(180kg)나 되었으며, 죄인은 이 무거운 십자가를 지고 높은 곳에 올라가서 결국 십자가에 못 박혀 죽게 되는 인류 역사상 가장 잔인한 형벌이 바로 십자가형이었습니다.

누가복음 9장 23절에서 예수님은 다음과 같이 말씀하셨습니다. "아무든지 나를 따라오려거든 자기를 부인하고 날마다 제 십자가를 지고 나를 따를 것이니라". 자기를 부인하는 것이 바로 십자가의 정신입니다. 자기를 부인한다는 것은 자기를 죽이는 것입니다. 그런데 신비한 것은 죽음으로 끝나는 것이 아니라 반드시 부활의 기쁨이 있다는 것입니다. 신앙생활이 무엇입니까? 신앙생활은 한마디로 나는 죽고 예수로 사는 것입니다. 내 자아가 살아 있으면 예수님이 역사하실 수 없습니다. 내 자아를 죽일 때 예수 그리스도 안에서 참된 자아가 살아나게 되는 것입니다. 자기를 비울 때 채워주시고, 낮아질 때 높여주시고, 자아를 죽일 때 살게 하시는 것이 기독교의 놀라운 역설적 진리입니다.

그러므로 기독교 최고의 상징물은 십자가입니다. 십자가에는 두 종류가 있습니다. 하나는 예수님이 지고 가신 십자가이고, 다른 하나는 우리 자신이 지고 가야 할 십자가입니다. 비록 작은 십자가일지라도 우리는 날마다 내 몫에 태인 십자가를 지고 묵묵히 주님을 따라가야 합니다. No cross, no crown! 십자가가 없이 영광이 없고, 십자가가 없이 부활이 없기 때문입니다.

오늘의 기도

사랑과 자비가 풍성하신 하나님, 이 시간 우리가 십자가 없이는 영광이 없다는 단순한 진리를 깨닫게 하옵소서. 날마다 내 몫에 태인 십자가를 묵묵히 지고 주님을 따라가는 가정 되게 하옵소서. 예수님의 이름으로 기도합니다. 아멘.

한쪽 문을 닫으시면,
한쪽 문을 여신다

◇◇◇◇◇◇

찬송가 / 361장 「기도하는 이 시간」

성경봉독 / 신명기 3:23-29절

"그 때에 내가 여호와께 간구하기를. 주 여호와여 주께서 주의 크심과 주의 권능을 주의 종에게 나타내시기를 시작하셨사오니 천지간에 어떤 신이 능히 주께서 행하신 일 곧 주의 큰 능력으로 행하신 일 같이 행할 수 있으리이까. 구하옵나니 나를 건너가게 하사 요단 저쪽에 있는 아름다운 땅, 아름다운 산과 레바논을 보게 하옵소서 하되. 여호와께서 너희 때문에 내게 진노하사 내 말을 듣지 아니하시고 내게 이르시기를 그만해도 족하니 이 일로 다시 내게 말하지 말라. 너는 비스가산 꼭대기에 올라가서 눈을 들어 동서남북을 바라고 네 눈으로 그 땅을 바라보라 너는 이 요단을 건너지 못할 것임이니라. 너는 여호수아에게 명령하고 그를 담대하게 하며 그를 강하게 하라 그는 이 백성을 거느리고 건너가서 네가 볼 땅을 그들이 기업으로 얻게 하리라 하셨느니라. 그 때에 우리가 벳브올 맞은편 골짜기에 거주하였느니라".

오늘 예배는 신명기 3장 23절부터 29절을 중심으로 '한쪽 문을 닫으시면, 한쪽 문을 여신다'는 제목으로 말씀을 묵상하려고 합니

화목의 목회

다. 오늘 본문에서 모세는 하나님께 평생의 소원이었던 가나안 땅에 들어갈 수 있게 해달라고 간절하게 기도하고 있습니다. 그러나 하나님은 높은 산에 데리고 올라가서 그 땅을 바라만 보게 하시고 들어가지는 못하게 하신 것입니다. 오늘 우리도 기도할 때 'Yes'의 응답도 받지만, 때로는 'No'의 응답도 받을 때가 있다는 것을 알아야 합니다.

사도바울도 자신의 육체 질병을 고쳐달라고 하나님께 세 번씩이나 간절하게 기도했습니다. 그러나 하나님께서는 다음과 같이 말씀하시고 병을 고쳐주시지 않았습니다. "내 은혜가 네게 족하도다 … 네가 약한 그 때에 강함이라"(고후 12:9-10). 간절히 기도했지만 하나님은 'No'로 거절하신 것입니다. 그런데 잊지 말아야 할 것은 거절도 응답이라는 것입니다. 지나고 보면 거절이 더 큰 축복임을 깨닫게 됩니다. 사도바울은 육체의 가시가 있었기 때문에 끝까지 겸손하고, 끝까지 하나님만 의지할 수 있었습니다. 하나님께서는 큰 자 '사울'을 작은 자 '바울'로 만들기 위해서 육체의 가시를 통해 더욱 겸손히 낮추신 것입니다. 오직 하나님만 의지하게 하신 것입니다. 그러므로 신앙인에게는 가시도 축복인 것입니다.

그런데 하나님께서 거절하실 때는 무책임하게 내버려두시는 것이 아니라 반드시 다른 대안을 준비하십니다. 사도바울에게는 의사 누가를 평생 주치의로 붙여주셨고, 전도여행의 동반자로 바울의 병을 치유하게 했던 것입니다. 오늘 본문 모세의 경우에는 여호수아를 대안으로 마련하시고 준비시켜 놓으셨습니다. "너는 여호수아에게 명령하고 그를 담대하게 하며 그를 강하게 하라 그는 내 백성을 거느리고 건너가서 네가 볼 땅을 그들이 기업으로 얻게 하리라 하셨느니라"(신 3:28). 모세의 사명이 이스라엘 백성의 출애굽과 광야 40년을 인도하는 것이었다면, 여호수아의 사명은 가나안 땅을 정복하고 그 땅을 열두 지파에 잘 분배하는 것이었습니다. 하나님께서는 가장 합당한 여호수아라는 대안을 미리 준비하고 계셨던 것입니다. 여기에서 우리는 한쪽 문을 닫으시면 또 다른 한쪽 문을 여시는 하나님의 섭리를 발견할 수 있습니다.

오늘의 기도

사랑과 자비가 풍성하신 하나님, 오늘 기도의 응답이 없다고 낙심하지 말게 하옵소서. 하나님께서 한쪽 문을 닫으시면 더 좋은 다른 한쪽 문을 열어 주심을 믿고 늘 범사에 감사하며 살게 하옵소서. 예수님의 이름으로 기도합니다. 아멘.

화목의 목회

다음 세대를 준비하는 교회

◇◇◇◇◇◇◇

찬송가 / 565장 「예수께로 가면」

성경봉독 / 마태복음 19:13-15절

"그 때에 사람들이 예수께서 안수하고 기도해 주심을 바라고 어린
아이들을 데리고 오매 제자들이 꾸짖거늘. 예수께서 이르시되 어린 아
이들을 용납하고 내게 오는 것을 금하지 말라 천국이 이런 사람의 것
이니라 하시고. 그들에게 안수하시고 거기를 떠나시니라".

오늘 예배는 마태복음 19장 13절부터 15절을 중심으로 '다음 세
대를 준비하는 교회'라는 제목으로 말씀을 묵상하려고 합니다. 유
명한 복음 전도자 무디가 주일학교 교사로 봉사할 때 노방 전도를
하고 돌아와서 전도 보고를 하였는데 이런 재미있는 보고를 했다고
합니다. "저는 오늘 두 사람 반을 전도했습니다". 보고를 받은 리더
가 무디에게 물었습니다. "두 사람 반이라고요? 아! 알겠습니다. 어
른 두 명에, 어린이 한 명을 전도하셨군요. 기차표도 어린이용 표가
있지 않습니까?". 이 사람은 어른 두 명에 어린이 한 명을 전도한 것
으로 이해했던 것입니다. 그러나 무디는 그 반대로 설명했습니다.
"아닙니다. 어린이 두 명에, 어른 한 명을 전도했습니다. 어른들은

인생을 벌써 절반 이상 살았기 때문에 하나님께 인생의 절반밖에 바칠 수 없습니다. 그러나 어린이는 아직 인생을 다 살지 않았기 때문에 하나님께 온전한 일평생을 바칠 수 있습니다". 어린이, 청소년 전도의 중요성을 잘 보여주는 예화라고 생각합니다.

지금까지 기독교 역사상 위대한 인물들을 보면 거의 다 어린 시절에 주님을 영접하였다는 공통점이 있습니다. 폴리캅은 9살 때 예수님을 만났고, 조나단 에드워드는 7살 때, 매튜 헨리는 11살 때, 찰스 스펄전은 12살 때 만났습니다. 거의 다 어린 시절에 주님을 만나서 영접한 사람들이었습니다. 어린 시절에 주님을 만나는 것이 왜 중요합니까? 어린 시절에 만난 사람은 일평생을 주님을 위해 헌신할 수 있기 때문입니다. 그러나 중간에 믿은 사람들은 절반의 헌신밖에 할 수 없습니다. 그래서 우리는 다음의 말을 깊이 새겨야 합니다. "어린이 청소년의 영혼을 구하는 것은 영혼만 구하는 것이 아니라 일생을 구하는 것입니다".

다음 세대를 일평생 헌신자로 잘 키우기 위해서는 가장 먼저 다음 세대를 주님께로 데리고 나와야 합니다. 교회가 어린이와 청소년들로 가득할 때 그 교회는 희망이 있습니다. 예수님이 아이들을 안수하시고 축복하신 것처럼 우리 교회도 어린이 청소년들을 축복하고 격려하고 잘 양육해야 할 것입니다.

화목의 목회

오늘의 기도

사랑과 자비가 풍성하신 하나님, 우리 교회의 희망은 다음 세대에 있음을 깨닫고, 어린이·청소년들을 축복하고 격려하여 다음 세대를 잘 키우고 미래를 준비하는 교회가 되게 하옵소서. 예수님의 이름으로 기도합니다. 아멘.

Part.7

오철훈 목사의 성경과 고전 연구

— 성경과 고전으로 기독 인재를 세워간다

"내가 이를 때까지 읽는 것과 권하는 것과 가르치는 것에 전념하라"(딤
전 4:13).

▎2023년 2월 스튜디오에서 『화목의 목회』 출간 기념 사진 촬영

성경과 고전 읽기

◇◇◇◇◇◇

온고이지신(溫故而知新). 즉, '옛것을 익혀서 새것을 안다'는 말이
다. 그런 의미에서 옛사람의 지혜가 담겨있는 고전을 읽는 것은 현
대를 살아가는 우리에게도 큰 유익이 된다. 전도서 1장 9절에도 다
음과 같이 말씀하고 있다. "이미 있던 것이 후에 다시 있겠고 이미
한 일을 후에 다시 할지라 해 아래에는 새것이 없나니"(전 1:9). 해
아래 새것이 없다는 말씀을 묵상하면서 수천 년, 수백 년 전에 기록
된 고전을 읽는 가운데 우리는 더욱 큰 지혜를 얻게 될 것이다. 고
전 중에 고전은 성경이라고 할 수 있다. 성경은 1,500여 년에 걸쳐
서 40여 명의 사람들이 기록한 책이다. 성경보다 더 검증된 책은 인
류 역사상 없을 것이다. 성경을 읽고, 고전을 읽는 것은 우리에게
큰 지혜와 유익을 줄 것이다.

『논어』 제1편인 「학이」의 제1장은 이런 구절로 시작된다. "학이
시습지(學而時習之) 불역열호(不亦說乎)". 뜻은 "배우고 때때로 (그것
을) 익히면 또한 기쁘지 아니한가!"라는 뜻이다. 논어의 가장 큰 강
조점은 배움에 있다는 것이다. 배운다는 것은 얼마나 귀한 일인가?
배움의 기쁨을 누리며 산다는 것은 참 행복한 일이다.

그런데 배우기 위해서는 어떤 자세가 중요할까?『논어』제7편 「술이」의 제21장은 다음과 같이 쓰여있다. "삼인행(三人行) 필유아사(必有我師)". 뜻은 "세 사람이 걸어가면 반드시 나의 스승이 있다"는 뜻이다. 옆에 있는 사람들을 나의 스승으로 삼는다는 것은 옆에 있는 사람의 장점을 보고 배우라는 것이다. 그렇다면 단점이 보이면 어떻게 하면 될까? 단점을 보면서 '나는 저렇게 하지 말아야지'라고 생각하면 된다. 이것이 곧 반면교사(反面敎師)라는 것이다. 상대방의 잘못을 보면서 나는 그렇게 하지 않겠다고 교훈을 삼는 것이다. 그러므로 배우지 못할 것은 하나도 없다. 그런 점에서 모두가 다 나의 스승이다.

그렇다면 배우려는 학생은 어떤 자세를 견지해야 할까? 배우는 자는 항상 겸손한 자세를 가져야 한다. 겸손한 사람은 배우게 된다. 그러나 교만한 사람은 배우려고 하지 않고 결국 발전이 없다. 그래서 모름지기 공부하는 학생은 겸손해야 한다. 탈무드에서는 "세상에서 가장 큰 부자는 스스로 만족할 줄 아는 자이고, 세상에서 가장 지혜로운 자는 겸손히 배우는 자"라고 말한다. 성경에도 겸손에 대한 말씀이 많다. "하나님이 교만한 자를 물리치시고 겸손한 자에게 은혜를 주신다 하였느니라"(약 4:6). "그러므로 하나님의 능하신 손 아래에서 겸손하라 때가 되면 너희를 높이시리라"(벧전 5:6). 성 어거스틴은 기독교 최고의 덕목 세 가지를 묻는 질문에 답하기를 "첫째도 겸손, 둘째도 겸손, 셋째도 겸손"이라고 답하였다.

화목의 목회

공부하는 학생이 가져야 할 또 한 가지 자세를 기억하자. 『논어』 제6편 「옹야」의 제18장에는 다음과 같이 쓰여있다. "지지자(知之者) 불여호지자(不如好之者), 호지자(好之者) 불여락지자(不如樂之者)". 뜻은 "아는 것은 그것을 좋아하는 것만 못하고, 좋아하는 것은 즐기는 것만 못하다"는 뜻이다. 단순히 지식을 추구하는 단계에서 좋아하는 단계를 넘어 즐기는 단계로 넘어가면 그때부터 대가가 된다는 것이다.

목회자의 경우는 늘 설교를 해야 하는 데 큰 부담이 있다. 그런데 설교를 할 때 '야, 또 설교가 돌아왔구나. 괴롭구나'라고 생각하지 말고 설교하기를 좋아하라는 것이다. 더 나아가서 설교를 즐기는 단계에 이른다면 반드시 그 설교에 큰 은혜와 능력이 임할 것이다. 공부하는 학생도 마찬가지다. 공부를 억지로 하지 말고 좋아하라는 것이다. 좋아할 뿐 아니라 더 나아가서 즐기는 마음으로 공부한다면 반드시 좋은 성적을 거두게 될 것이다. 공부를 마치 컴퓨터 게임처럼 즐겁게 한다면 우등생이 되지 않을 학생은 한 명도 없을 것이다.

고전을 통해서 배우는 지혜

◇◇◇◇◇◇

얼마 전부터 몇몇 친구 목사님들과 고전을 읽는 모임을 결성해서 한 달에 한 번씩 모여서 토론도 하고 공부도 하고 있는데 매우 유익한 점이 많다. 특별히 최근에 온 나라를 혼란에 빠뜨린 최순실 국정 농단 사건을 보면서 고전에 나오는 옛사람의 지혜가 다시금 새롭게 다가왔다.

먼저, 『논어』 제12편 「안연」의 제7장에 나오는 글이다. 자공이라는 제자가 정치가 무엇인지 질문하고 공자는 다음과 같이 세 가지로 답을 했다. "첫째는 족식(足食), 즉 식량을 풍족하게 해주고, 둘째는 족병(足兵), 즉 군대를 잘 양성해서 국방력을 키우는 것이고, 셋째는 민신(民信), 즉 백성들이 믿도록 하는 것이다". 이어서 제자가 물었다. "어쩔 수 없이 한 가지를 버려야 한다면 이 세 가지 중에 무엇을 버려야 합니까?". 공자가 답하기를 "거병(去兵)", 즉 "군대를 버린다"고 하였다. 자공이 다시 또 물었다. "어쩔 수 없이 한 가지를 더 버려야 한다면 이 두 가지 중에 어느 것을 버려야 합니까?". 공자가 말하기를 "거식(去食)", 즉 "식량을 버린다"고 하였다. 예로부터 모두에게 죽음은 있는 것이지만 "백성들의 믿음이 없으면 나라는 존립하지 못한다". 여기에서 그 유명한 민무신불립(民無信不立)이라는 말이 유래된 것이다.

지금 우리나라의 정국상황에 딱 맞는 말이라고 생각되었다. 대통령의 신뢰가 깨지고 정국수습은 도저히 불가능한 상황에 이르렀다. 이제는 돌이킬 수 없는 상황을 맞이하고 말았다. 공자의 말은 지도자에게 국민의 신뢰가 얼마나 중요한지를 잘 보여준다. 교회지도자들도 교인들에게 신뢰를 얻지 못하면 목회 사역을 제대로 감당할 수 없음을 깨닫게 된다. 이번 사건을 보면서 정치지도자를 비판하기에 앞서 나는 과연 어떠한 모습인지 나 자신을 다시 돌아보게 되었다. 예수님은 산상수훈에서 다음과 같이 경고하셨다. "어찌하여 형제의 눈 속에 있는 티는 보고 네 눈 속에 있는 들보는 깨닫지 못하느냐"(마 7:3). 나는 과연 흰돌교회 담임목사로서 교우들에게 얼마나 신뢰를 받고 목회하고 있는가? 깊이 반성하고 회개하는 기회가 되었다.

다음으로, 『맹자』에 나오는 한 구절이 떠올랐다. "민위귀(民爲貴), 사직차지(社稷次之), 군위경(君爲輕)". 뜻은 "백성이 가장 귀하고 사직(나라)이 그다음이고, 군주는 가장 가볍다"는 말이다. 그러므로 정치의 핵심은 백성의 마음을 얻는 것이다. 백성의 마음을 얻을 때 천하를 얻게 될 것이다. 당시는 군주의 권위가 중시되었고 백성은 군주의 소유물에 지나지 않는다고 생각하던 시대였다. 맹자는 백성이 모든 것에 우선한다는 사상을 주장하고 있으니 가히 혁명적인 사상가라고 할 수 있다. 민심(民心)은 천심(天心)이라고 했다. 민심이 떠나면 제아무리 뛰어난 군주라 할지라도 바른 정치를 펼칠 수가 없는 것이다.

    다시 한번 교회를 섬기는 목회자의 입장에서 나 자신을 반성해본다. 교인이 없는 교회는 존재할 수 없다. 나는 과연 흰돌교회 담임목사로서 얼마나 교인 한 사람 한 사람을 귀하게 여기며 섬기고 있는가? 교인 한 사람 한 사람을 진심으로 사랑하고 있는가? 다시 초심으로 돌아가서 예수님의 마음을 품고, 교인 한 사람 한 사람을 소중하게 여기며 사랑으로 목회할 것을 다짐해본다.

         화목의 목회

사람은 책을 만들고
책은 사람을 만든다

◇◇◇◇◇◇◇

"사람은 책을 만들고 책은 사람을 만든다"는 말은 교보문고의 창업자 신용호 회장의 말이다. 우리는 책을 많이 읽어야 한다. 그런데 어떤 책을 읽을 것인가? 세상에는 두 종류의 책이 있다. 고전과 비고전이다. 고전은 짧게는 100~200년 이상, 길게는 1,000~2,000년 이상 살아남은 책을 말한다. 그런 점에서 성경이야말로 인류 최고의 베스트셀러요, 인류 최고의 고전이라고 할 수 있다. 고전은 쉽게 말하면 천재들의 저작이다. 만일 앞으로 10년 동안 매일 두 시간 이상 위대한 인문고전을 남긴 진짜 천재들에게 개인 지도를 받는다면 나는 어떻게 될까?

> 첫째, 바보 또는 바보에 준하는 두뇌가 서서히 천재의 두뇌로 바뀌기 시작할 것이다. 둘째, 그동안 억눌려있던 천재성이 빛을 발하기 시작할 것이다. 셋째, 평범한 생각밖에 할 줄 모르던 두뇌가 천재적인 사고를 하기 시작할 것이다.
>
> 출처: 이지성, 『리딩으로 리드하라』, 문학동네, 2014.

미국의 시카고 대학은 록펠러가 설립한 대학이다. 설립연도인 1890년에서 1929년까지는 둔재들만 가던 삼류대학이었다. 그런데

1929년을 기점으로 2000년까지 노벨상 수상자를 무려 68명이나 배출하는 명문대학으로 바뀌었던 것이다. 1929년은 로버트 허친 슨이 시카고 대학교 제5대 총장으로 취임한 해다. 그해부터 시카고 대학은 세계의 위대한 인문고전 100권의 필독서를 읽지 않는 학생 은 졸업시키지 않는다는 '시카고 플랜'을 시행했다. 인문고전의 힘 이 얼마나 대단한가!

마케도니아 왕 필리포스 2세는 당대 최고의 석학이었던 아리스 토텔레스에게 당시 13살이던 어린 아들을 잘 교육해달라는 요청을 하게 된다. 한마디로 가정교사로 초청을 한 것이다. 아리스토텔레 스는 왕실의 최고 대접을 받으면서 알렉산드로스 3세를 7년 동안 인문고전 중심으로 지극 정성으로 가르쳤는데 그가 훗날 유명한 알 렉산더대왕이 되었다. 만약 알렉산드로스 3세가 아리스토텔레스를 만나지 못했다면 과연 우리가 알고 있는 알렉산더대왕이 될 수 있 었을까?

일본의 천하를 통일했던 도쿠가와 이에야스는 중국 당 태종과 그 의 신하들의 대화록이라고 할 수 있는 『정관정요(貞觀政要)』를 국가 경영지침서로 삼았다고 한다. 당 태종은 중국 역사상 가장 존경받 는 황제다. 당 태종의 리더십을 한마디로 요약하면 경청의 리더십 이라고 할 수 있다.

『논어』 제5편 「공야장」의 제14장에 보면 "민이호학(敏而好學) 불치하문(不恥下問)"이라는 말이 있다. 즉, "민첩하여 배우기를 좋아하고, 아랫사람에게 묻기를 부끄러워하지 말라"는 뜻이다. 당 태종 이세민은 그런 점에서 탁월한 지도자였다. 당 태종의 신하 중에서 위징이라는 신하가 있었는데 이 사람은 정적의 참모였다. 사람됨을 알아본 당 태종이 그를 죽이지 않고 오히려 인재로 등용하여 곁에 두고 조언을 구했다. 그런데 이 사람이 당 태종에게 무려 300번의 간언(諫言)을 했다는 것이다. "듣기 싫은 말이 명약"이라고 했던가! 300번의 직언을 한 신하도 대단하지만, 그 신하를 내치지 않고 가까이 두고 항상 들었다는 당 태종 이세민의 모습은 더 대단하다.

당 태종은 늘 세 가지 거울을 보면서 살았다고 한다. 첫 번째 거울은 구리거울로 자신을 보면서 늘 의관을 단정하게 했고, 두 번째 거울은 과거의 역사를 거울삼아서 천하의 흥망성쇠를 배웠고, 마지막 세 번째 거울은 사람을 거울삼아서 많은 것을 얻었었다고 한다. 신하들의 간언을 통해서 자신의 부족한 모습을 보고 시정하여 훌륭한 왕으로 남게 되었다는 것이다. 당 태종은 나중에 위징이 죽자 통곡하고 슬퍼하면서 오늘 내가 세 가지 거울 중 하나를 잃었다며 탄식했다 한다.

지도자는 말을 하기 전에 잘 듣는 자라는 것을 알 수 있다. 성경에도 다음과 같은 말씀이 있다. "듣기는 속히 하고 말하기는 더디하며"(약 1:19). 지도자는 말을 많이 하기보다 더 많이 들어주어야 함을 깨닫게 된다.

영락교회 한경직 목사의 리더십도 역시 경청의 리더십이었다. 한경직 목사는 항상 경청을 잘했다고 한다. 교인이 와서 무슨 말을 하면 "고럼, 고럼" 하며 경청했다. 그런데 간혹 자신과 뜻이 맞지 않는 말을 할 때는 꼭 하는 말이 있다. "일리가 있습니다". 다른 사람의 의견을 무시하지 않고 잘 들어주고 존중해주는 것이 리더의 자세다. 그러면 자신의 인격이 낮아지는 것이 아니라 더 높아진다. 리더십의 첫 출발점은 잘 경청하는 것이다.

조선 최고의 군주 세종대왕도 어린 시절부터 인문고전 독서에 광적으로 몰입하여 심지어 부모가 병을 얻을까 걱정할 정도로 탐독했었다고 한다. 세종은 왕이 된 후에도 언제나 책을 곁에 두고 지냈다. 왕과 신하들이 인문고전을 읽고 토론하는 경연(經筵)을 수시로 열어서 국가경영의 지혜를 얻었다고 한다. 태조가 23회, 태종이 80회 열었던 경연을 세종은 무려 1,898회를 열었다고 하니 얼마나 배움에 열과 성을 다했는지 짐작할 수 있다. 집현전 학사들을 모아 놓고 "우리 모두 목숨을 버릴 각오로 독서하고 공부하자. 조상을 위해, 부모를 위해, 후손을 위해 여기서 일하다가 같이 죽자"라고 말했다고 한다. 얼마나 감동적인 말인가!

세종대왕은 그러한 인문고전 독서에 힘입어서 기념비적인 수많은 업적을 이루어냈던 것이다. 사대부들의 격렬한 반대에도 백성들을 위해 세계에서 가장 위대한 한글을 만든 것은 물론이고 정치, 경제, 과학, 의학, 군사, 법률, 학문, 농업 등 백성들의 삶과 관련된 모

화목의 목회

든 분야에서 인류 역사상 어떤 왕도 따라오지 못할 찬란한 결과물을 만들어냈다. 심지어는 여자 노비들을 위해 100일에 달하는 출산 휴가제도를 만들었고, 같은 노비인 남편도 한 달 동안 아내를 돌볼 수 있도록 했다. 사회적인 약자들을 위해 관심을 가지고 이토록 세심한 배려로 보살핀 왕이 또 누가 있었단 말인가? 성경에도 사회적 약자에 대한 관심이 참 많다. "고아와 과부를 위하여 정의를 행하시며 나그네를 사랑하여 그에게 떡과 옷을 주시나니"(신 10:18). "하나님은 고아의 아버지시며 과부의 재판장이시라"(시 68:5).

삼성그룹의 창립자 이병철 회장도 인문고전 독서에 심취했던 사람이었다. 그는 "가장 감명을 받은 책을 들라면 서슴지 않고 『논어』라고 말할 수밖에 없다. 내 생각이나 생활이 『논어』의 세계에서 벗어나지 못한다 해도 오로지 만족한다"라고 말했다. 이병철 회장의 세심한 인재경영의 원리는 바로 『논어』에서 나왔던 것이다. 같은 동시대 사람 중 현대그룹을 창립했던 정주영 회장도 할아버지가 세운 서당에서 3년 동안 동양 고전을 체계적으로 배운 것이 평생의 자산이 되었다고 말한다. 그는 훗날 자서전에서 "그때 배운 한문 글귀들의 진정한 의미는 자라면서 깨달았다. 그 한문이 일생을 살아가는 데 있어서 내 지식 밑천의 큰 부분이 되었다"라고 말했다. 정주영 회장은 그 바쁜 일정 가운데서도 수시로 『채근담』이나 『대학』을 비롯한 고전을 탐독했다고 한다. 정주영의 경영정신도 결국 인문고전에서 나왔던 것이다.

독서와 성경 읽기의 자세

◇◇◇◇◇◇

독서의 자세는 어떻게 해야 할까? 천재들의 인문고전 독서는 태도부터 남달랐다. 요약하자면 무시무시한 열정과 집중으로 말할 수 있다. 남명 조식은 경의도(敬義刀)라는 칼을 몸에 차고 독서를 한 것으로 유명하다. 책을 읽을 때 졸음이 오면 날카로운 칼을 보면서 정신을 가다듬었다는 것이다. 훗날 임진왜란 당시에 남명의 제자들이 왜놈들로부터 나라를 구하는 큰일을 하게 되었는데 그 가운데 의병장으로 활약했던 곽재우가 있다. 성호 이익은 "사랑하는 어머니와 오랫동안 이별했다가 다시 만난 것처럼 독서하라. 아픈 자식의 치료법을 묻는 사람처럼 질문하고 토론하며 독서하라"라고 말했다고 한다. 또한 천재들의 독서방법은 반복독서였다. 공자는 『주역』이라는 책을 얼마나 반복해서 많이 읽었으면 죽간을 묶은 가죽끈이 세 번이나 끊어졌다는 "위편삼절(韋編三絶)"이라는 말이 전해지고 있다. 독서광 세종대왕의 독서법도 "백독백습(百讀百習)", 즉 100번 읽고, 100번 필사한 것으로 유명하다. 19세기 명설교가 찰스 스펄전 목사는 존 번연의 책『천로역정』을 무려 100번 이상 반복해서 읽었다고 한다. 그의 영감 넘치는 설교의 비결이 바로 거기에 있었다는 것이다. 반복독서는 천재들의 독서방법이었다.

"독서백편의자현(讀書百遍義自見)"이라는 말이 있다. "독서를 백번 하면 뜻이 자연히 드러난다"는 뜻이다. 일단 반복해서 처음부터 끝까지 쭉 읽어나가는 것이다. 통독(通讀)의 방법이다. 통독 시 유의사항은 이해하기 어려운 부분이 나오면 일단 넘어가라는 것이다. 성경을 읽을 때도 통독의 방법이 필요하다. 성경통독을 할 때 이해가 잘 안 되는 부분은 넘어가면 된다. 마치 생선을 먹을 때 뼈와 가시를 먹지 말고 먼저 살을 먹는 것과 같은 이치다. 이해되는 부분부터 읽고 이해되지 않는 부분은 나중에 보면 된다. 내 신앙 연조가 더 깊어지면 나중에는 다 이해할 수 있게 된다.

다음은 정독(精讀)이다. 정독은 집중해서 읽는 것이다. 성경을 읽을 때도 깊이 있게 묵상하면 큰 유익을 얻을 때가 있다. 큐티(QT)와 같은 방법이다. 성경통독은 전체적으로 숲을 보는 것이라면 정독은 나무를 보는 것이라고 할 수 있다. 성경 몇 절을 정하고 집중해서 읽고 또 읽으며 연구하는 자세다. 정독할 때 본문의 뜻을 더욱 깊이 있게 깨닫게 될 것이다. 이것이 정독의 유익이다.

그다음 단계는 필사(筆寫)다. 필사란 책을 그대로 베껴 쓰는 것이다. 인문고전은 필사할 때 큰 유익을 얻을 수 있다. 책 전체를 필사하는 방법도 있고 밑줄을 그어둔 부분만 필사해도 좋다. 필사 노트를 마련해서 필사해도 좋고 경우에 따라 책의 여백에 해도 좋다. 통독이나 정독을 할 때는 답답하기만 했던 머릿속이 필사를 하고 나면 시원하게 열리는 경우가 있다. 성경도 필사하면 매우 유익하다.

성경을 필사할 때 우리의 심령이 더욱 큰 깨달음을 얻게 될 것이다.

다음 단계는 사색(思索)이다. 퇴계 이황은 "낮에 읽은 것은 반드시 밤에 깊이 사색해야 한다", 율곡 이이는 "책을 읽으면 반드시 그 이치를 궁리하고 탐구해야 한다", 고봉 기대승은 "읽어라. 외워라. 사색하라. 기록하라", 프란시스 베이컨은 "독서는 오로지 사색하고 연구하기 위해서 하는 것이다", 존 로크는 "독서는 단지 지식의 재료를 얻는 것에 불과하다. 그 지식을 자기 것으로 만드는 것은 오직 사색의 힘으로만 가능하다", 미래학자 앨빈 토플러는 "내 통찰력의 근원은 끊임없는 독서와 사색이다"라고 말했다.

책을 읽는 목적은 단순히 지식을 얻기 위한 것이 아니라 사색을 통해서 내 생각의 지평을 더욱 넓히는 것이다. 독서의 시간은 책을 쓴 천재를 만나는 시간이다. 책을 쓴 천재와 함께 대화하는 시간이다. 내용을 다 이해하고 못하고는 크게 중요하지 않다. 천재들의 생각하는 방식과 접촉한다는 자체가 중요하다. 인문고전 독서에는 두뇌를 변화시키는 힘이 존재한다. 수백, 수천 년 동안 검증된 인문고전에서 천재들과 만나 대화하는 자체를 즐기며 독서한다면 그 희열이 얼마나 충만할까?

그런데 성경의 저자는 누구인가? 물론 모세나 여호수아나 다윗이나 솔로몬이나 이사야나 예레미야나 마태나 마가나 누가나 요한이나 사도바울 그리고 베드로라고 할 수 있을 것이다. 그러나 실질

화목의 목회

적인 저자는 인간이 아니라 하나님이시다. 그들은 단지 하나님 말씀에 영감을 받고 도구로서 기록하였을 뿐이기 때문이다. 성경을 읽는다는 것은 천지를 창조하신 전능하신 하나님과 접촉하는 것이요, 하나님과 대화하는 시간이다. 그런 점에서 성경을 읽고 사색한다는 것은 놀라운 일이 아닐 수 없다.

그런데 사색이라는 단어를 기독교 용어로는 묵상(默想)이라는 말로 바꿀 수 있다. "복 있는 사람은 악인들의 꾀를 따르지 아니하며 죄인들의 길에 서지 아니하며 오만한 자들의 자리에 앉지 아니하고. 오직 여호와의 율법을 즐거워하여 그의 율법을 주야로 묵상하는도다"(시 1:1-2). 묵상은 히브리어로 '하가', 즉 '작은 소리로 읊조린다'는 뜻이다. 작은 소리로 읊조리면서 마치 암송하듯이 반복해서 읊조리는 것이다. 공동번역 성경에는 묵상이라는 단어를 '되새김질'로 번역하고 있다. 한 번 듣고 읽고 연구하고 끝나지 말고 계속해서 되새김질하라는 것이다. 특히 성경을 읽을 때는 묵상이 가장 중요하다. 성경을 듣고, 읽고, 연구하고, 암송하고, 묵상하는 것인데 그중에 가장 중요한 것이 바로 묵상이다.

그런데 성경을 묵상하기 위해서는 우리 개인의 지혜와 능력으로만은 부족하다. 이것이 인문고전과 성경의 가장 큰 차이다. 성경은 성령의 감동을 받은 기자가 기록을 한 책이다. 그래서 성경을 기록했던 기자가 받았던 성령의 영감을 우리도 받아야만 그 성경의 본뜻을 이해할 수 있다. "먼저 알 것은 성경의 모든 예언은 사사로이

풀 것이 아니니. 예언은 언제든지 사람의 뜻으로 낸 것이 아니요 오직 성령의 감동하심을 받은 사람들이 하나님께 받아 말한 것임이라"(벧후 1:20-21). 성경을 이해하기 위해서는 오직 성령의 감동을 받아야 한다는 것이다. "모든 성경은 하나님의 감동으로 된 것으로 교훈과 책망과 바르게 함과 의로 교육하기에 유익하니"(딤후 3:16). 오늘 우리가 성경을 바로 이해하기 위해서는 무엇보다 하나님의 성령의 감동을 받아야 함을 알 수 있다.

인문고전과 더불어 하나님의 말씀인 성경을 더 많이 읽자! 천재들과 만나서 대화함으로 우리의 사고력이 놀랍게 변화될 것이다. 뿐만 아니라 하나님의 말씀인 성경을 읽고 묵상하여 영적으로도 깊은 체험을 하고 하나님께 쓰임 받는 귀중한 인재가 될 것이다.

에필로그

이제는 그리스도 안에서 함께
화목을 꿈꿀 때다

여기까지 올 수 있었던 것은 하나님의 크신 은혜입니다. 부족한 제가 흰돌교회를 17여 년간 목회하면서 여기까지 올 수 있었던 것은 전적으로 하나님의 크신 은혜입니다. 사도바울의 고백처럼, "나의 나 된 것은 하나님의 은혜"입니다. 하나님의 크신 은혜 가운데 믿음의 가정에서 훌륭한 부모님의 사랑과 기도로 성장할 수 있었고, 주님의 몸 된 교회의 존귀한 성도들을 섬길 수 있는 직분을 하나님께서 주셨습니다. 이 모든 것이 하나님의 은혜입니다.

고마운 분들이 많이 있습니다. 먼저 '화목의 목회자'로 성장할 수 있도록 늘 기도해주신 어머니와 온유한 성품을 보고 배울 수 있도록 키워주신 천국에 계신 아버님께 지면을 빌어 감사드립니다. 훌륭한 목회자의 본을 보고 배울 수 있었던 작은아버지 오창학 목사님께도 감사드립니다. 그리고 신학교 시절 만나서 평생의 동역자가 된 사랑하는 아내 김성숙 사모와 두 아들 정한, 정민에게도 감사의 말을 전합니다. 또한, 담임목사의 화목의 목회를 잘 따라준 부교역자분들과 직원분들에게도 감사의 말을 전합니다. 무엇보다 부족한 종을 위해 언제나 사랑과 기도로 격려해주시는 흰돌교회 장로님들과 모든 성도님들에게 머리 숙여 깊이 감사드립니다.

이제는 그리스도 안에서 함께 화목을 꿈꿀 때입니다. 부족한 제가 '화목의 목회'를 해왔던 것처럼, 이제는 한국교회가 '화목의 목회'를 함께해나갈 때라고 여겨집니다. 앞으로 이 책의 출간과 더불어 한국교회와 함께 화목을 심어가는 일을 꿈꿔봅니다. 그리고 다음 세대를 살리는 비전을 꿈꿉니다. 지금 코로나 등 여러 가지로 어려운 한국교회이지만, 그럼에도 불구하고 다음 세대를 복음으로 다시 세워나가는 꿈을 꿉니다.

한 걸음 더 나아가 북한 땅에도 '화목의 복음'이 심어지도록 통일의 꿈도 갖게 됩니다. 이 책을 쓰면서 북한의 무너진 제단들이 다시 세워지고, 적대관계에 있는 남과 북이 그리스도 안에서 진정한 화목을 이루는 꿈을 꿉니다. 또 남과 북이 복음으로 하나 되어 전 세계를 복음화하는 영적인 대제사장 나라로 쓰임 받기를 소원합니다.

모든 영광을 하나님께 올립니다. 추천의 글을 써주신 흰돌교회 선임장로님이신 박희전 장로님, 작은아버지 오창학 목사님, 이철신 목사님, 오승훈 목사님, 오경훈 목사님, 이형우 목사님께 감사를 드립니다. 좋은 책이 되도록 코칭해주시고 추천사를 써주신 박성배 코칭작가 목사님께도 감사드립니다. 그리고 출간을 맡아 수고해 주신 렛츠북 출판사 대표님과 직원 여러분께도 감사드립니다. 모든 영광을 하나님께 돌립니다. 감사합니다.

2023년 3월
오철훈 목사

화목의 목회

초판 1쇄 발행 2023년 03월 27일

지은이 오철훈
펴낸이 류태연

펴낸곳 렛츠북
주소 서울시 마포구 양화로11길 42, 3층(서교동)
등록 2015년 05월 15일 제2018-000065호
전화 070-4786-4823 ㅣ **팩스** 070-7610-2823
이메일 letsbook2@naver.com ㅣ **홈페이지** http://www.letsbook21.co.kr
블로그 https://blog.naver.com/letsbook2 ㅣ **인스타그램** @letsbook2

ISBN 979-11-6054-618-7 03230

* 이 책은 저작권법에 따라 보호를 받는 저작물이므로 무단전재 및 복제를 금지하며,
  이 책 내용의 전부 및 일부를 이용하려면 반드시 저작권자와 도서출판 렛츠북의
  서면동의를 받아야 합니다.

* 잘못된 책은 구입하신 서점에서 바꾸어 드립니다.